碳配额约束下
企业低碳发展模式优化研究
——以京津冀地区制造业为例

戴淑芬　王琛　著

北　京
冶 金 工 业 出 版 社
2023

内 容 提 要

　　本书以京津冀制造业企业为研究对象，围绕碳配额约束下企业生产减排策略和碳管理，从碳配额约束对企业生产减排策略的影响、碳配额约束对供应链上下游合作减排策略的影响、碳配额约束下企业碳管理的激励与障碍因素分析、碳配额约束前后企业减排绩效评价等方面进行了具体分析。

　　本书可供从事产业和企业低碳经济与管理研究的行业、企业管理者，尤其是在行业、企业内从事低碳管理的人员阅读，也可供高校相关专业师生参考。

图书在版编目（CIP）数据

碳配额约束下企业低碳发展模式优化研究：以京津冀地区制造业为例/戴淑芬，王琛著 . —北京：冶金工业出版社，2023. 8
　　ISBN 978-7-5024-9612-8

　　Ⅰ . ①碳… 　Ⅱ . ①戴… 　②王… 　Ⅲ . ①制造工业—低碳经济—经济发展—研究—华北地区　Ⅳ . ①F426.4

中国国家版本馆 CIP 数据核字（2023）第 157187 号

碳配额约束下企业低碳发展模式优化研究——以京津冀地区制造业为例

出版发行	冶金工业出版社	**电　话**	(010)64027926	
地　址	北京市东城区嵩祝院北巷39号	**邮　编**	100009	
网　址	www. mip1953. com	**电子信箱**	service@ mip1953. com	

责任编辑　曾　媛　美术编辑　燕展疆　版式设计　郑小利
责任校对　范天娇　责任印制　禹　蕊
北京建宏印刷有限公司印刷
2023 年 8 月第 1 版，2023 年 8 月第 1 次印刷
710mm×1000mm 1/16；9.75 印张；201 千字；145 页
定价 78. 00 元

投稿电话　(010)64027932　投稿信箱　tougao@ cnmip. com. cn
营销中心电话　(010)64044283
冶金工业出版社天猫旗舰店　yjgycbs. tmall. com
（本书如有印装质量问题，本社营销中心负责退换）

前　　言

2017 年全国碳排放权交易体系逐步落实，作为经济结构长期以制造业为主的"新首都经济圈"，京津冀地区大部分制造业企业尚缺少对碳交易的认识，碳管理水平不足，生产减排策略和企业组织管理还有较大的提升空间。碳交易能够影响企业的发展模式，企业如何应对碳配额约束以较大限度优化经济和环境效益是一个亟待解决的问题。

基于此，本书研究针对京津冀的制造业企业，从生产减排和组织管理两个角度研究企业如何优化运营策略以适应碳配额约束的问题。其中，在生产减排层面，运用博弈论静态模型、动态模型和运筹学等理论和方法分析了碳配额约束下单独企业以及整个供应链上的企业应对碳交易约束的生产减排策略；在组织管理层面，基于建立的碳减排绩效评价指标体系，运用全局性主成分分析法比较碳配额约束前后企业的减排绩效，考察碳交易的政策效果，为相关政府部门提供相应的政策建议。此外，为了帮助企业更好地应对碳交易，定位自身碳管理的优势和不足，应用计量经济学方法识别制造业企业碳管理的激励与障碍因素。

本书各章节的内容安排如下：

第 1 章为绪论，从气候变化背景下社会对温室气体减排问题的持续关注入手，概述中国实行减排政策与实践的外部条件与内部驱动力所在，引出碳排放交易体系成为我国温室气体减排重要政策的问题背景；在此基础上概述了中国京津冀"首都经济圈"的减排现状。在这些背景下指出本书研究的目的和意义，明确该研究的价值和必要性，并对研究的主要问题进行界定。

第 2 章为国内外研究综述，首先概述碳排放权交易理论基础，介绍碳排放产生背景和内涵，回答碳交易体系究竟"是什么"的问题，为后续分析作理论铺垫。针对京津冀地区制造业碳交易发展现状进行了总结，整理分析碳交易体系下企业生产减排和供应链管理的相关研究及研究演进，大量的文献整理、阅读和学习是本研究进行的基础，同时借鉴前人的方法和思路，针对目前文献中存在的问题进行相关研究。

第 3 章为京津冀地区制造业碳交易发展现状。首先分别说明京津冀地区整体的碳交易发展现状，包括三个地区的碳配额交易所获成果以及现阶段存在的问题。在此基础上，再针对京津冀制造业分析其碳排放和应对现状。本部分对京津冀制造业情况进行了概括，主要涉及制造业的产业结构占比及其研发力度；在该背景下，研究了京津冀地区制造业近几年的碳排放现状；针对碳排放问题，阐述了京津冀地区的应对策略和未来的应对方向。

第 4 章为碳配额约束下企业独立减排策略研究。首先对企业"竞争力"的概念和特点进行界定，然后对碳配额约束下企业面临的竞争力压力进行分析，引出企业在运营过程中面临的影响力变化问题。为探索碳配额约束对企业的影响并分析企业的应对策略，基于博弈论方法，采用双寡头模型分析碳配额约束实施后，企业最优生产量的变化、市场占有率的变化，以及与竞争对手相比自身的竞争力位置的变化。另外，本部分探讨了企业均以最优生产量生产时，行业总产出的变动，反映碳配额约束对行业经济发展的影响。其次，对参与碳抵消机制的企业进行生产减排策略影响分析。基于对碳抵消理论设计与实践现状的识别，分析碳抵消制度的实施会对处于碳交易体系中具有减排责任的企业造成什么影响，并进一步分析不同碳抵消比例的设计如何影响碳市场中的碳价，进而导致企业的产品产量如何变化。最后以算例验证碳抵消制度对于帮助企业灵活履约的可能性，同时为国家层面制度设计提供建议。本部分旨在研究碳配额约束下的最优生产量与减排策略以及探讨如何利用碳抵消项目实现减排目标。

　　第5章为碳配额约束下供应链上下游合作模式研究。当产品的上下游企业同时具有碳排放约束时，下游企业面临碳配额约束带来的直接压力，和原材料价格上涨导致的间接压力；上游企业的利润也将受到下游企业对原材料需求的影响，这使得碳交易实施前后，两者之间的利益相互牵制，是一个博弈的过程。借助博弈论方法和 Stackelberg 模型分析碳配额约束前后，处于碳交易体系中的产品上下游企业的供应关系所受到的影响，上游供应商定价策略如何变化，下游供应商生产策略受何影响。除此之外，本部分进行了碳交易体制下传统供应链优化配置研究。在碳配额约束下，供应链的配置问题中不仅要考虑传统供应链设计中成本最小化问题，还应考虑供应链上产品或服务的碳足迹问题，碳足迹的大小影响供应链上支付的碳成本的大小。本部分内容基于混合整数优化模型，构建包含供应商产品中的隐含碳排放量的碳足迹模型，对供应链进行优化配置，探究碳配额约束下原材料中隐含碳是否会对供应商选择产生影响，碳成本与其他成本之间的关系如何，供应链网络配置在新背景下遵循怎样的规律和原则。

　　第6章为碳配额约束下制造商与分销商合作减排策略分析。借助博弈理论，构建一个动态演化博弈模型，对政府的补贴策略、工业企业的生产和减排策略、分销商参与合作减排努力策略进行最优策略选择。通过本部分研究，探讨自愿减排与强制减排的有效衔接模式，以更好地促进供应链合作减排，推动企业通过合作减排应对碳配额约束，最终实现碳达峰、碳中和目标。

　　第7章为碳配额约束下企业碳管理的激励与障碍因素分析。主要围绕当前京津冀地区的碳管理现状和其中的驱动与障碍因素进行深入分析。本部分主要基于构建的影响企业实施碳管理的因素体系，采用计量经济学的方法界定京津冀地区企业实施碳管理的激励与障碍因素，并且通过碳管理实施的典型企业案例进行对比分析。

　　第8章为碳交易机制下京津冀制造业可持续发展评价。主要针对京津冀地区制造业企业在碳配额约束前后的减排绩效进行评估，考察碳交易体系实行后的减排成果，根据评估结果为政府提供相应的政策建议。主要内容是在建立碳减排绩效评价指标体系的基础上，运用全局主成分分析法对京津冀地区的典型制造业企业的碳减排绩效进行科学的评估，考察碳减排绩效评价体系的应用性。

第9章为结论、启示与展望。本部分内容对整个研究的结论进行概括总结，同时依据研究得出的结论，及企业应对碳配额约束的反应和生产减排策略的变化，对上层制度设计提出建议。最后对研究的不足之处进行归纳并展望未来有价值的研究问题。

本书围绕碳配额约束下企业如何开启低碳发展模式展开研究，旨在为企业生产减排和碳管理提出指导建议，为政府管理部门进一步落实碳交易体系提供启示，以实现全社会经济与环境利益的双赢。

由于时间和水平所限，书中不足之处在所难免，敬请读者批评指正。

著　者

2023 年 7 月

目　　录

1 绪 论

1.1 背景概述

1.1.1 气候变化背景下温室气体减排引起广泛关注

长期以来，人类经济活动对化石能源严重依赖，导致了温室气体排放大量增加。温室气体的大规模排放在一定程度上将引发全球变暖等气候变化问题，对全球的自然、生态环境，甚至社会经济环境造成严重负面影响（原白云，2014）。联合国政府气候变化专门委员会发布的第四次气候变化评估报告指出，近50年来的全球气候变化主要由人为活动产生的温室气体造成，且影响的速度和程度已超过了人们的预期，潜在威胁包括地表温度升高、海平面升高，甚至食品生产链的中断。IPCC所发布的第五次评估报告再次强调，全球正在变暖的主要原因在于化石能源燃烧和人类的毁林开荒等行为向大气中排放了大量的温室气体 (IPCC，2007)。

气候变化问题所带来的严重负面影响迫使国际社会不得不采取一系列实质性措施减少温室气体排放。1997年，联合国气候变化框架公约参加国在日本京都通过《京都议定书》，并于2005年开始强制实施，明确规定在《京都议定书》第一承诺期内（2008—2012年），发达国家温室气体排放量相比1990年平均减少5.2%。

应对气候变化及履行《京都议定书》所规定的减排责任，各国在温室气体减排的方式和手段上进行了积极的探索，其中，碳排放交易机制由于其灵活性以及成本有效性成为很多国家实现二氧化碳减排目标的重要手段之一。排放权交易机制最早在《京都议定书》中被提出，与联合履约、清洁发展机制共同作为碳交易的三种机制，成为碳排放权交易市场的交易模式和规则制定的基础。其中，联合履约适用于发达国家间减排合作；清洁发展机制是指发达国家为发展中国家提供减排投资，用以促进发展中国家减少温室气体排放，相应的减排量可作为该发达国家所有，是一种发达国家与发展中国家的减排合作机制；排放权交易是指分配给国家或企业一定数量的碳排放配额，并允许对该配额进行交易，要求在一定时期内，该国家或企业的碳排放不应超过最终拥有的碳排放配额数。碳排放交易机制可以被视为经济调控手段，在二氧化碳排放总量确定的条件下，使二氧化碳排放权可以像商品一样在市场上进行买卖交易，以此来进行二氧化碳的排放控制，从而实现减排目标（余丹，2013）。

中国虽不必承担巨大的减排责任，但由于国际方面的减排压力和国内方面的减排需求双方面原因，中国也做出减排承诺并制定相应的减排政策。一方面，我国经济飞速增长，作为全球最大的二氧化碳排放国，面临的来自国际社会的减排压力不断增大，为避免来自发达国家的舆论压力，我国有必要做出减排承诺；另一方面，我国正处于工业化、城市化快速发展时期，长期以来的粗放型经济增长模式已造成严重的环境污染和巨大的能源浪费。因此，转变经济发展模式成为中国经济发展的当务之急，这使得中国具有做出减排行为的驱动力。

从全球气候谈判来看，中国的角色愈加凸显，面临新一轮气候变化多边谈判，党和国家领导人多次在重要场合就气候变化和加强环境保护做出承诺。2009年哥本哈根会议之前，中国政府明确提出相比 2005 年碳排放水平，到 2020 年，我国单位 GDP 产生的二氧化碳排放量将降低 40% ~ 45%，同时这一目标作为约束性指标被纳入国民经济和社会发展的中长期纲要；这一减排目标在 2015 年巴黎气候变化大会上得到进一步加深，明确提出到 2030 年，单位 GDP 碳排放相比2005 年减少 60% ~ 65%；2015 年底，我国首次正式提出 2030 年为中国碳排放的峰值时间，这意味着一个新的时代的到来，意味着随着时间的推移，中国的发展模式及其对气候变化影响作用已经重新被评估。2020 年 9 月 22 日，习近平总书记在第 75 届联合国大会一般性辩论中宣布："中国将提高国家自主贡献力度，采取更加有力的政策和措施，二氧化碳排放力争于 2030 年前达到峰值，努力争取2060 年前实现碳中和。"这一愿景在此后的多次国际会议中被反复强调，强烈表达了我国实现碳达峰碳中和目标的决心。

中国所面临的日益严峻的环境、健康、能源安全和经济问题，是中国建立碳交易体系，致力于减少二氧化碳排放的内部驱动。过去的几年中，工业事故和环境污染问题造成了严重的健康风险，特别是，中国中部和东部广大城市地区的空气质量问题更加严重（Pieterse，2015）。此外，政府对减排问题的重视也源于能源安全问题的驱动，对化石燃料进口的依赖一直是政府关心的重要问题。因此，当前国内存在着改善空气质量和降低能源安全风险的压力。中国政府已开始制定和落实相应的政策法规旨在提高能源效率，增加清洁煤炭技术方面的投资，积极开展新能源取代传统化石能源计划等（Mathews et al.，2011）。我国在健康、环境和能源安全方面出现的问题是我国粗放型经济增长模式产生的副作用，而这种增长模式已经受到了质疑，中国必须向更加可持续且低碳的经济发展模式转变。

1.1.2 碳排放权交易体系成为中国重要的温室气体减排政策

为实现二氧化碳减排目标，中国政府借鉴发达国家碳交易制度经验，碳交易市场建设工程开始进入政府工作程序。中国在其他环境政策法规制定方面也有多年的经验积累，为碳排放权交易体系的相关设计奠定基础。Young 等（2015）的研究指出中国当前存在诸多环境法规，包括国家层面、省级或地方政府层面等多个层次的法律法规，其中，国家层面的环境计划与法规仍是推动环境问题解决的主要驱动。同时，中国政府对解决环境问题的具体实践也予以高度重视，如关闭甚至拆除污染严重的工厂，落实能效提高和节能计划，大力支持可再生能源发展，同时制定各类政策工具。基于市场的政策工具在中国实践中存在已久：2002 年国内第一个二氧化硫交易体系建立；2008 年，上海、北京、天津三个碳交易所开始开展自愿碳减排项目。自 2011 年，中国陆续批准建立北京、上海、广东、深圳、重庆、湖北和天津七省市碳交易试点，对应成立了 7 家碳交易机构。根据国家发改委提供的统计数据，2014 年，7 个碳交易试点共纳入排放企业和单位超过 1900 家，分配的碳排放配额总量合计约 12 亿吨。2016 年底，四川正式跨入全国碳排放权交易行列，成为第八家拥有国家备案碳交易机构的省份。2017 年，我国为电力行业的企业设定了排放限额，标志着全国碳排放权交易体系启动，碳排放权交易制度实施。《通知》提出，全国碳排放权交易市场第一阶段将涵盖电力、石化、建材、化工、造纸、钢铁、有色、航空等重点排放行业。截至 2017 年底，七省市累计成交量突破 2 亿吨，累计成交金额超过 47 亿元人民币。7 个碳交易试点完成了数据摸底、规则制定、企业教育、交易启动、履约清缴、抵消机制使用等全过程，并各自尝试了不同的政策思路和分配方法。

2018 年，我国碳排放交易额累计超过 110 亿元，碳排放强度比 2005 年下降 45.8%，非化石能源占一次能源消费比重达 14.3%。2019 年，生态环境部起草发布了《碳排放权交易管理暂行条例（征求意见稿）》（《条例》），面向全社会公开征求意见，这是全国碳市场建设，特别是碳交易立法迈出的重要一步。同年，海南省研究设立国际碳排放交易场所。2019 年 12 月 23 日，财政部在官网公布了关于印发《碳排放权交易有关会计处理暂行规定》的通知。《规定》中明确了碳排放权交易相关的会计处理方式。这一规定的发布标志着我国碳交易市场建设又取得新的突破。截至 2019 年，七省市试点碳市场配额交易运行平稳，配额现货累计成交量约为 3.3 亿吨二氧化碳，累计成交金额约 71.1 亿元人民币。此外，我国开展了 87 个低碳省、市，51 个低碳园区，8 个低碳城镇试点。2020 年 4 月，全国碳排放权交易系统项目建设成果专家评审会一致认为全国碳交易系统的设计、开发成果均达到了项目立项时的要求，已基本具备试运行条件；作为全国碳排放权交易市场的核心基础设施，该项目建设成果为全国碳市场启动运行打下了坚实的基础。

近年来，碳排放交易体系在我国迅猛发展，覆盖范围逐步扩大，体制渐趋完善，在温室气体减排方面取得了累累硕果，碳交易排放体系已成为我国重要的温室气体减排政策。

1.1.3　中国京津冀"首都经济圈"温室气体减排现状

　　京津冀地区作为"新首都经济圈",经济结构长期以制造业为主,特别是河北省,具有多家水泥、钢铁、石化、化工等能源消耗量大,碳排放强度高的企业,虽然长期发展过程中已在生产技术方面有较大提升,但仍有部分企业在环保及节能减排策略方面比较落后。因此,本节聚焦京津冀地区温室气体减排现状,从总体上考察京津冀三个地区的碳排放量变化趋势。根据 IPCC（2006）的方法计算了京津冀地区 2011—2019 年的碳排放量（图 1-1）,相关数据均来源于中国能源年鉴。

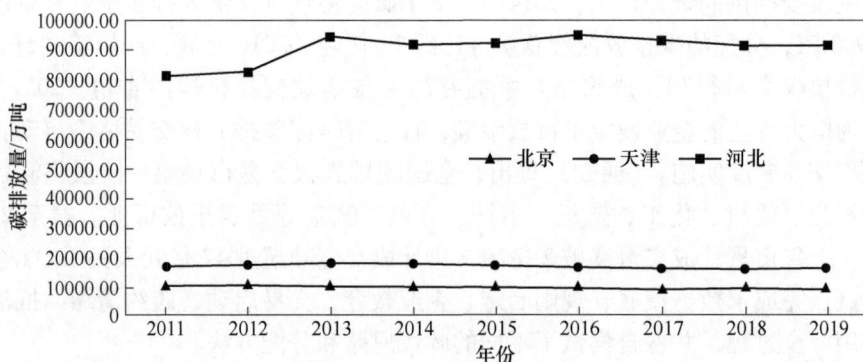

图 1-1　京津冀分地区碳排放量（2011—2019 年）

　　从图中可以看出河北省的碳排放量几年以来一直超出京津四倍以上。其碳排放在 2013 年达到了峰值,即 94582.98 万吨。其后几年碳排放量上下波动,但总体而言,碳排放量有所下降。北京市的碳排放量最低,且在 2012 年以后其碳排放量持续减少,平均每年下降幅度为 2% 左右。对于天津而言,其碳排放量峰值也处于 2013 年,达到 17559.91 万吨。其后 6 年碳排放量呈下降趋势,平均每年减少 1.7% 左右。

　　从以上结果可以看出,其一,对于河北而言,由于其工业尤其是制造业仍是经济结构的主体,且其不断承接京津的工业产业,碳排放量居高不下。而 2008—2012 年是工业的迅速上升期,碳排放在 2013 年达到峰值。因此,河北省还有很大的碳减排潜力。其二,北京碳排放量最低,作为首都,其政治地位特殊,承担着国家的政策覆盖,因此,虽然碳减排速度缓慢,但一些减排政策颇有成效,北京的碳减排已经向良好的方向发展。其三,天津的碳排放量较北京略高,2013年出现峰值的原因和河北相同。其后碳排放量稳定下降,与北京类似,其碳减排成效也呈现良好的趋势。

　　因此,京津冀地区碳交易发展基本步入正轨,三个地区减排成效充分证明了碳配额约束的重要性和正确性，坚持碳交易体系是进一步推行低碳模式的必经之路。此外，由京津冀地区碳排放量变化趋势可以看出，三个地区的减排进程缓慢，这在很大程度上和京津冀地区制造业企业生产减排和组织管理策略无法适应碳排放权交易体系有关。京津冀制造业参与碳交易，推动节能减排，既有压力又有动力。一方面，制造业企业需要积极灵活调整自身生产减排和组织管理方面的策略以适应相关法律法规和政策约束；另一方面，碳交易市场机制可能会为这些企业带来收益。通过运营策略的调整，企业可以提高自身的低碳竞争力，促进节能减排，提升经济和环境效益，从而进一步推动企业的低碳生产和低碳供应链的完善，最终形成低碳生产的良性循环。而如何帮助和指导这些企业调整自身的运营策略正是本项目的重点和意义所在。

1.2　主要研究问题

排放权交易背景下，二氧化碳排放权成为一种可交易的商品对企业的运营策略带来影响，企业可通过技术设备升级改造、提高能源效率等措施将实际碳排放量控制在免费配额额度之内，多余配额可以在碳市场进行出售，从而获利；反之，当实际排放超过免费配额后，企业需要购买碳配额以确保总排放量不超过拥有的配额数量，导致企业生产成本的增加。同时，碳交易体系不仅对企业自身的生产减排造成影响，还影响着企业与其外围之间关系：碳配额约束产生的间接成本影响产品上游供应商与下游制造商之间的供应关系；原材料当中的隐含碳排放在碳交易背景下，影响产品全生命周期角度的碳足迹，从而影响产品供应链的配置和供应商选择。另外，除了企业生产减排层面的策略问题，企业组织管理层面的问题同样影响企业的发展模式。首先必须要通过一种科学的方法明确碳配额约束前后的企业减排绩效，考察碳交易的真实减排绩效；其次，由于京津冀三个地区制造业企业的碳管理水平参差不齐，必定有诸多因素激励或者阻碍企业的碳管理，从而影响企业的减排绩效。

可见，碳配额约束对企业而言可能成为一种挑战，但同时也可能成为一种机遇，究竟是利是弊，以及如何化弊为利是一个有趣的问题，也是本研究的出发点。本书以京津冀制造类企业为研究对象，围绕碳配额约束下企业生产减排策略和碳管理，从以下几个方面具体进行分析。

1.2.1　碳配额约束对企业生产减排策略的影响

碳排放权交易体系的实施将打破企业原有的"购入原材料，生产并提供商品或服务"的生产模式。对企业而言，碳配额约束导致企业的成本构成更加复杂，一方面碳减排方面的研发成本投入和购买碳配额所造成的碳成本增加给企业造成成本负担；另一方面，技术提高和设备更新帮助企业减少生产成本。为应对碳配额总量约束，京津冀地区能耗强度大、排放水平高的企业可通过自主研发减少生产运作过程碳排放，也可以在排放量超出配额总量之后从碳市场上购买排放许可证。无论哪种减排方式——自主研发或购买碳排放权许可，均需要京津冀地区企业加大成本投入。

同时，从另一个角度说，该地区企业的盈利模式也发生了变化，企业不但可以通过出售多余的碳配额获取传统运作模式所不具备的额外收益，低碳产品刺激需求也将带来销售量的变化。

因而，碳配额约束和碳交易体系对京津冀地区企业的生产成本构成和盈利模式均造成影响，一方面对企业来说，如何应对成本增加的威胁是企业在生产过程中需要谨慎考虑的问题；另一方面，碳交易所带来的潜在利润增长也可以成为企业重要的盈利手段。成本压力和利润吸引力的双重作用必然导致京津冀地区企业生产策略发生改变，特别是对于制造类企业，如何安排减排与生产之间的平衡，以及衍生出的生产决策优化的问题，是本书构建研究框架的核心问题和出发点，基于对此问题的兴趣，本书针对京津冀地区的制造类企业展开碳配额约束下企业生产减排策略研究。

1.2.2　碳配额约束对供应商与制造商合作减排策略的影响

任何一个企业都不可能独立存在于现代经济系统中，而是与上下游企业共生于供应链系统之中。对于京津冀地区制造业企业而言，碳配额约束不仅对自身的生产运作造成影响，还改变与其外围合作伙伴的关系。上游企业若受制于碳配额约束，可能将部分碳成本转移到其产品中，导致其产品价格提高，对下游企业来说原材料购买成本增加，这是碳交易制度对成本的间接影响。可见，由于碳配额的约束，使得京津冀地区企业不但要考虑自身的生产与减排，还要重新考虑与上游企业的合作关系，那么碳配额约束是否会打破原有的供应合作而产生新的、更加绿色、更加低碳的供应关系？从供应链整体来看，各个企业边际减排成本及边际减排收益的不同，会导致供应链上企业重新配置现有资源，打破原有的网点布局，以实现减排战略目标，使整个供应链的效益最优。并且，随着消费者环境意识的加强，消费者低碳意识逐渐形成，对产品和服务过程中的碳足迹越来越关注。用以标注产品碳足迹信息的碳标签应用日益广泛，增加了产品碳足迹的透明度。碳足迹包括从产品原材料使用到成品生产全过程的碳排放量，任何企业单独进行减排都难以取得理想效果。在碳交易制度实施后，供应链上企业将把碳配额约束考虑在内，重新进行供应链的优化配置，加速了低碳供应链的形成。实践中，国际上一些企业已经将减少碳排放战略的视野从单个制造商扩展到供应链范围，通过与供应链上各节点企业间开展减排合作开辟了减少产品二氧化碳排放的新途径。

　　众多实践案例印证了单个企业的减排活动可能会对供应链整体的减排行为产生影响，进而形成碳配额约束下的供应链各个节点间的合作减排局面。这对供应链上京津冀地区制造业企业的管理问题提出新的挑战，不仅包括该地区企业如何安排自身的碳减排、不同的碳强度对同行业企业间产生怎样的影响、该地区企业如何应对这些影响，还包括从供应链上下游、供应链整体上企业间如何协调合作等问题。

1.2.3　碳配额约束下制造商与分销商合作减排策略分析

　　一方面，工业企业作为高排放主体，中国政府已将全国范围内的工业企业均纳入碳市场中，实现了企业主动减排的可持续性；另一方面，针对分销商企业，由于中国没有将其纳入碳市场，一些国家和地区政府采用补贴方式激励非履约企业自主减排，与碳排放交易体系互为补充。

　　本书通过构建由政府、制造类企业、分销商企业三方组成的博弈模型进行短、长期分析。首先，采用短期博弈分析比较有无政府补贴两种情况的均衡结果，研究了在短期政府补贴对供应链上下游企业的合作减排协调有何影响；其次，分析在政府补贴情况下，何种补贴政策在促进双方合作减排和社会福利增长方面更为有效，是否存在最优补贴；最后，本书通过演化博弈理论分析，研究在长期政府补贴下是否还继续增加社会福利。

1.2.4　碳配额约束下企业碳管理的激励与障碍因素分析

　　以上问题均从京津冀制造业企业生产减排的角度进行研究探讨，而完善碳交易体系的建设还需要企业从组织管理层面不断推进。目前，由于碳交易体系发展并不十分健全，京津冀地区大多数企业对碳交易缺乏了解和认识，更没有足够的意识来实施高效率的碳管理，因此碳管理水平良莠不齐。因此，首先需要明晰我国京津冀地区制造业的碳管理现状，包括京津冀三个地区自身制造业企业碳管理效率的高低分布以及三个地区碳管理的相对优劣情况。在充分了解京津冀碳管理差异的前提下，进一步识别促进和阻碍企业开展碳管理的因素，分析三个地区制造业企业碳管理呈现积极或消极态度的原因，并提出相应改进建议和措施；最后，企业碳管理对参与碳交易的作用尚待明确，企业在实施碳管理以后是否真正推进了碳排放权交易的建设，是否真正促进了企业温室气体的减排是个值得进一步讨论的问题。

1.2.5　碳配额约束前后企业减排绩效评价

　　随着碳排放权交易体系成为中国重要的温室气体减排政策，北京和天津地区作为最早的碳交易试点已经实施了较长时间的减排政策，部分企业已对碳交易有了一定程度的认识，减排技术也在逐步发展。因此，对于碳配额约束后企业减排绩效的研究迫在眉睫，实行碳交易后企业减排绩效是否得到了显著的提高是必须探讨的问题。另外，如何衡量京津冀制造业企业的减排绩效以及使用何种工具进行评估也是其中一个难点。

1.3 研究意义

在全国碳排放权交易体系全面展开的背景下，本书以京津冀地区碳交易体系框架内的制造业企业为对象，主要目标是探讨碳配额约束下企业发展模式的改变。考虑到制造业企业应对碳配额约束主要从生产减排及组织管理策略两方面进行调整，本书也将从这两个角度研究制造业企业的发展模式优化问题。

理论方面，围绕碳配额交易约束下的企业生产减排策略，探讨碳配额约束下企业生产和竞争策略变化、与上游供应商合作关系变化，以及相应的供应链网络结构设计变化，弥补现有文献中有关企业碳强度差异、碳抵消机制设计、碳配额约束导致的间接成本，以及隐含碳排放量对低碳供应链优化配置等问题相关研究的不足；另外，对京津冀地区企业开展碳管理的激励与障碍因素研究，构建了企业碳管理影响因素指标体系，明确了企业当前碳管理的问题所在，界定了其激励与障碍因素。本书填补了我国学术领域对该问题研究的空缺，对完善和发展既有的研究体系和理论框架具有重要意义。

实践方面，研究碳配额约束下企业的低碳发展模式，不仅有利于企业实现经济利益和环境效益的双赢，同时也有利于促进碳交易体系在我国的发展实践。探讨企业应对碳配额约束的策略，研究在考虑碳配额约束的条件下，企业获得最大收益的产品产量、碳配额的出售或者购买量及自主减排量；将碳配额对企业的约束延伸至供应链层面，促使供应链上企业从最优化长期收益出发，将经济、生态和社会三个重要维度考虑在内对供应链进行设计；探讨企业实施碳管理的激励与障碍因素可以帮助企业识别自身碳管理的优势和缺陷，定位企业碳管理的影响因素有助于企业找到提升减排效率的途径；对制造业企业碳配额约束前后企业的减排绩效进行评价，能够明确碳排放权交易政策的实施效果，为政府决策者提供有效反馈。总之本书对制造业企业低碳发展、我国制造业低碳供应链发展、评估制造业企业的减排绩效和完善碳管理体系都具有重要意义。

因此，无论从理论还是实践角度，从生产减排策略和经验管理模式上探究企业如何应对碳配额约束都是值得深入讨论的重要问题。本书以京津冀地区制造业企业为目标对象，围绕碳配额约束下企业如何开启低碳发展模式展开研究，弥补学术研究的不足，同时从实证分析中得到结论和启示，为企业碳管理提供借鉴意义，帮助其更好地理解和参与碳交易，实现经济利益和环境目标的双赢；本书通过阐明碳交易对企业的影响，也为碳交易体系的政策设计提供启示，帮助完善京津冀地区碳交易体系建设以及跨区域碳交易合作。

1.4　主要研究内容

生产减排策略和经营管理模式是制造业企业发展模式中两个相互区别又相互联系的部分，生产减排策略方面，首先考虑当企业独立进行减排时的生产策略，分析企业在碳配额约束下为获得最大利润的最优生产量和减排量。进而将企业置于供应链中，考虑企业与其上下游企业合作减排时的合作模式，并对碳配额约束下供应链网络结构进行优化。在组织管理模式方面，探讨京津冀地区参与碳交易的制造业企业当前的碳管理现状，分析企业实施碳管理的激励与障碍因素，并结合碳管理模式和生产减排策略，进行典型企业案例分析。本书还将建立减排绩效评估体系，对企业碳配额约束前后企业的减排绩效进行评价。

具体各部分研究内容的思路和方法如下：

（1）碳配额约束下，企业生产减排策略分析。本部分首先对文献进行梳理和概括，回答企业竞争力究竟是什么的问题，并概括其内涵和特征。在此基础上，界定本研究中企业竞争力指标，并创新性地定义企业碳竞争力指标——碳排放强度。其次，研究采用博弈论方法和双寡头模型，通过构建碳排放强度不同的双寡头模型，对企业的生产和减排行为进行建模计算，分析碳排放强度不同的企业面对配额约束所感知的压力，分析在碳配额约束下，企业为获得最大收益企业的产品产量，并与竞争对手相比产品市场占有率的变化，反映其竞争力相对地位的变化。最后，结合京津冀地区和全国平均碳价，应用河北省两铝型材加工业企业的实际碳排放数据，对碳强度不同的企业在碳配额约束下的模型结果进行分析和验证。

将碳抵消制度考虑在内，考察当企业可以通过参与碳抵消项目获得一定的碳抵消量时，企业生产量和行业总产量的变化，分析碳抵消制度对企业运营策略的影响作用。首先对碳抵消机制的内涵进行简介，在整理现阶段国际上几种抵消机制设计类型的基础上，分析两种不同的抵消机制设计——以配额总量为基准和以减排总量为基准时，对碳价、企业产量和行业产出造成的影响，并引入北京碳交易体系中的碳抵消机制上限设计方案进行算例验证，探讨碳抵消机制是否能作为京津冀制造业企业运营过程中可以采用的措施实现碳减排目标。

（2）当上下游企业同时具有碳约束时，上游企业可以通过提高自身产品价格，将一部分碳成本转移到产品中，从而对下游企业间接造成成本增加。采用Stackelberg 模型讨论该情形下上下游企业的供应关系的动态变化，揭示下游企业的生产和运营决策，以及上游企业的生产和定价策略。

利用生命周期方法对包含原材料隐含碳排放的整个产品供应链上的碳足迹进行核算，在此基础上，对碳配额约束下的供应链网络结构进行优化，将经济、生态和社会三个维度考虑在内，采用混合整数优化模型，重点揭示供应商隐含碳排放对供应商选择的影响作用，分析碳成本与交通成本、原材料购买成本之间的比重关系对供应链优化配置的影响，为京津冀制造业企业在碳配额约束下选择供应商以及如何与供应商合作实现双赢提出建议，并且帮助京津冀供应商更好地平衡软实力与低碳能力以实现持续协调的发展。

（3）在制造商与分销商合作减排方面，本书构建一个博弈系统，包括政府、工业企业和分销商。其中工业企业负责生产绿色产品，而分销商负责销售绿色产品，两家企业处于同一条供应链中，且每个企业都可以选择合作减排或者独立减排。为实现社会福利最大化，政府将为进行减排的分销商提供补贴。本书探讨政府补贴对供应链上下游企业减排合作意愿的影响，以及计算政府最优补贴以实现社会福利最大化的问题。

（4）碳配额约束下企业碳管理的激励与障碍因素分析。"低碳"时代悄然而至使得越来越多的"碳"元素引入到企业管理中，本部分从内部和外部两个维度识别碳配额约束下京津冀地区制造类企业碳管理的激励与障碍因素，基于此设计问卷，针对京津冀相关企业进行调查，采用熵值法对企业碳管理的激励与障碍因素进行重要性排序，重点阐释主要激励与障碍因素，并在此基础上提出推动京津冀地区制造类企业碳管理的政策建议。

（5）碳交易政策的实施效果需要进行科学的衡量和评估。本书对碳配额机制下的京津冀制造业从可持续发展的角度进行全面的评估，从经济、社会、环境三个维度筛选指标，运用全局主成分分析法（GPCA），建立动态多准则决策模型，构建可持续绩效评价指标体系。将所建立的评价体系应用于京津冀的制造业企业，根据评价结果深入探讨三个地区可持续发展的成效。

1.5　研究改进及主要创新

1.5.1　目前研究中存在的问题

综合现有的研究成果，尚存在以下问题需要进一步研究：

（1）目前研究鲜少涉及碳配额约束背景下碳强度不同对企业生产和减排策略的影响。而碳强度不同的企业面临不同的减排压力，研究企业碳强度的作用可以为企业应对配额压力提供借鉴。另外，碳抵消制度是碳交易体系中重要的补充机制，然而学术领域对其研究甚少，且多为定性描述和对比研究。事实上，可抵消量上限的不同设计对碳市场上的碳价影响机制不同，企业利用抵消机制进行生产运营决策的方式也有所变化。

（2）文献对企业生产运营决策的相关研究中，缺少碳配额约束对企业与其外围关系的影响研究，特别是当制造类企业处于产品供应链中，其与上游供应商共同参与碳交易时，碳配额约束将通过上游供应商的提价策略，间接造成下游制造商原材料成本增加。从低碳供应链角度看，原材料隐含碳排放影响产品供应链上的碳足迹，进而在碳配额约束下，影响对供应商的选择偏好。然而由于隐含碳排放的计量相对困难，导致该问题的研究相对匮乏，但是考虑到隐含碳排放在碳足迹中的重要性，且在碳交易约束下可能产生较大的碳成本压力，对隐含碳排放的准确测量以及由此产生的低碳供应商选择决策，是学术研究和企业管理共同需要关注的问题。

（3）对于基于政府补贴的视角分析碳交易背景下供应商与分销商合作碳减排的问题的相关研究则更加稀缺。以往文献关于碳交易背景下供应链企业合作减排问题中，忽视了政府补贴同样会对供应链合作减排产生影响。尽管在碳交易机制下企业之间的合作减排确实成功地收获了更大的利润，减少了碳排放，但是由于资金限制，企业仍缺乏合作减排的动机，此时，政府补贴是另一个解决问题的有效工具，不应忽视。虽然之前有研究发现政府补贴不仅可以鼓励制造商减少碳排放，还可以缓解零售商对不公平的担忧（Zhang et al.，2018）。但是这些研究存在三个问题：首先，没有同时结合碳交易机制讨论政府补贴的有效性。其次，也没有关注到政府补贴机制对供应链企业合作减排影响的问题。再者，政府的补贴政策出发点是社会福利最大化，但是很少有研究全面关注到政府补贴对社会福利的短期和长期影响。

（4）除了碳交易背景下碳配额约束对企业生产减排策略的影响，制造业企业的碳管理也需要不断优化以适应碳交易政策。目前诸多京津冀制造业企业的碳管理发展不成熟，在企业碳资产的系统管理方面存在明显的缺陷，这在很大程度上阻碍了企业的低碳发展进程。因此，企业碳管理的影响因素以及企业如何据此调整自身的碳管理策略是个值得深入探讨的问题，而以往文献涉及企业碳管理及其影响因素的寥寥无几，所包含的驱动与障碍因素也不够全面。

（5）少有文献对京津冀制造业企业的减排绩效进行讨论，这个问题的研究可以为政府决策者提供有用的反馈以定位可持续发展的成效和不足从而进行进一步改善，同时进行企业碳管理的激励和障碍因素研究也可以帮助企业识别自身碳管理的薄弱点。

因此，本项目以京津冀制造业企业为研究对象，探讨碳配额约束下企业生产减排策略变化、供应链上下游合作减排策略、企业碳管理的激励和障碍因素以及碳配额约束前后企业减排绩效评价，不仅有利于企业认识碳交易、积极参与和应对碳交易，实现经济利益和环境效益的双赢，同时有利于促进碳交易体系在我国的发展实践、实现我国的减排目标，对丰富和发展既有的研究体系和理论框架也有重要意义。

1.5.2 主要创新点

本项目基于现有的相关研究基础，结合京津冀地区碳交易的政策设计与实践现状，对碳配额约束下制造业企业的发展模式调整策略进行探索，主要的创新工作包括以下五点：

（1）构建企业生产减排策略模型，揭示碳配额约束对企业成本和利润的影响，并提出从生产角度利用碳抵消机制制定应对策略。

以往研究中较少对企业的碳排放强度差异进行区分，而对于京津冀制造业企业来说，碳强度的高低直接决定了企业在碳配额约束下的竞争优势。本书阐明了碳排放强度不同的企业对碳配额约束的压力敏感性，并以京津冀实际案例检验模型的有效性，揭示企业独立减排时成本和产量变化，优化生产减排方案。

（2）将原材料隐含碳排放因素纳入供应链碳足迹核算，构建供应链上下游合作减排模式，揭示碳配额约束对供应链优化配置的影响。

由于原材料隐含的碳排放难以考量，现有研究在整条供应链碳足迹核算时，往往将其忽略。本书研究归纳和总结京津冀制造业企业现有的上下游合作减排模式，对不同供应商提供的原材料中的隐含碳排放进行差异化区分，构建新的合作减排模式，揭示碳配额约束下隐含碳排放在供应链网络配置中的影响和作用。

（3）本书从理论上构建并优化了 ETS 下的补贴机制，以激励制造商和零售商合作减排。

以往的文献并没有研究基于政府补贴的视角分析碳交易背景下供应链企业的合作碳减排的问题。因此，本书试图通过两级供应链中的上下游企业，结合碳交易政策背景，探究政府补贴机制对供应链企业合作减排影响的问题，以丰富以往文献。本书研究还分别比较了没有补贴政策、不支持合作减排的补贴政策和支持合作减排的补贴政策三种情况对社会福利的影响。

（4）基于广泛的考察、调研和分析，提出京津冀地区碳交易体系下企业碳管理的现状和问题所在，探索企业实施碳管理的激励与障碍因素。

由于微观数据的可得性难度较大，当前较少有研究涉及京津冀地区企业的碳管理现状与问题，更少有研究分析企业开展碳管理的激励与障碍因素研究。本研究在梳理国内外研究的基础上，构建企业实施碳管理的影响因素体系；对京津冀地区参与碳交易的重点行业展开广泛的实地访谈、问卷调查，识别其激励因素与障碍因素，明确政府政策、企业碳排放目标、企业战略规划、领导者碳信息储备、合作和竞争企业碳管理，消费者的低碳意识等因素对企业开展碳管理的影响作用。

（5）构建企业减排绩效评价体系，对京津冀地区企业减排效果进行评价和对比分析。

现有文献中缺少碳交易的政策效果评价，本书研究结合碳交易政策制定者的意见及京津冀地区碳交易企业管理者的意见调研，建立企业减排绩效评估体系，运用全局主成分分析法对京津冀地区的典型制造业企业的碳减排绩效进行评估。选取典型企业进行案例分析和对比分析，考察评价体系的有效性。

2 国内外研究综述

基于研究框架和主要研究问题，本章阐述相关理论基础，对碳交易体系下与京津冀地区碳交易发展现状、企业生产减排策略、供应链管理以及企业碳管理影响因素、企业减排绩效评价等有关的研究进行总结，归纳重点研究问题，讨论本研究与现有文献的联系与区别，为后续章节展开研究奠定基础。

2.1 碳排放权交易的理论内涵与相关研究

2.1.1 碳排放权交易理论的产生背景

人类经济活动依赖自然生态环境的支持，长期以来经济膨胀发展的过程中，对自然资源的破坏和对大气环境的肆意污染已使人类开始自食其果，化石燃料的大量燃烧造成的气候变化问题开始严重制约经济的可持续发展，并对人类生存环境、身体健康和社会安全造成威胁。为应对和适应气候变化带来的挑战，世界各国均迫切需要实现生产、消费和生活方式的低碳化转型。低碳经济发展要求促进能源有效利用、降低温室气体排放量，使大气中的温室气体浓度保持在一个相对稳定的状态，更使自然环境处于一个相对稳定的状态，保证人类及后代得以在自然环境中和谐发展（丁志刚 等，2020）。正是由于世界各国对低碳经济的持续关注，使得各国各界对相应的节能减排政策措施加深探索。温室气体减排政策的类型多种多样，根据不同的管理角度和运行机制，减排政策可分为市场作用型和政府干预型。政府干预型政策是指通过政府干预手段将环境成本加入产品企业所生产的产品价格中；而市场作用型减排政策是旨在通过产品碳标签和消费者选择来促使企业进行资源减排（Weidema et al.，2008）。当前，利用市场手段实现减排的政策受到更广泛的关注，其中，碳排放权交易机制不但具有利用市场手段实现减排的特点，还具有灵活履约的方式，因此成为推动企业减排最有效的机制之一。

自世界各国和社会各界开始重视气候变暖给人类生存环境带来的影响开始，到碳排放权交易体系的真正确立，经历了 20 年的发展过程，《联合国气候变化框架公约》的制定与生效，以及而后《京都议定书》的签署及生效是最具推动性意义的历史事件。通过艰难谈判，IPCC 于 1992 年通过《联合国气候变化框架公约》且 1994 年正式生效。1997 年 12 月，《联合国气候变化框架公约》召开第三次缔约方大会，来自 149 个缔约方国家的代表共同签署了《联合国气候变化框架公约》的补充性文件《京都议定书》，希望达到"将大气中的温室气体含量稳定在一个适当的水平，进而防止剧烈的气候改变对人类造成伤害"的全球性环保目标。

《京都议定书》规定了三种灵活的碳排放权交易机制，即排放贸易机制（Emission Trading）、清洁发展机制（Clean Development Mechanism）和联合履约机制（Joint Implementation），以市场调节政策为主控制温室气体排放量的碳交易市场就此而生，自此，二氧化碳排放权被赋予商品价值，可以在碳市场上被卖出或买进。各个国家、地区甚至企业间的减排成本差异及对碳排放权的需求，保证了碳交易从理论建设到实践发展得以顺利实施。对于不同国家来说，各国的减排成本不同，发达国家与发展中国家之间减排成本方面具有重大差别：发达国家虽然具备较先进的生产技术和减排设备，但由于其发展起步较早，对温室气体减排工作的关注较早，已经在调整能源消费结构方面取得较大进展，在温室气体减排方面已取得较大成效。此时发达国家若想进一步降低温室气体排放量，难度也相对更大，所要支付的成本也相对更高。另一方面对于发展中国家来说，经济落后于发达国家，并且在温室气体减排方面的努力起步较晚，当前技术设备较落后，能源利用效率较低，具有相对较大的减排空间，发展中国家对温室气体排放量的控制具有更好的提升潜力，其减排成本相应也会较低。发达国家与发展中国家在减排成本方面的差异性，使不同国家之间对二氧化碳单位减排代价随之具有差异性。在未来发展中，发达国家要保持经济稳定增长对碳排放权具有持续需求，而发展中国家在工业化之前仍有相当长的一段时间可以提供更多的碳排放权。

不仅是国与国之间，地区和地区间，以及参与的行业间、企业间都存在减排成本差异，减排成本较高参与者对碳排放权有大量需求，减排成本较低的参与者因为有较大的自主减排空间，可能提供更多的碳排放权，这种需求和供给使碳市场获得良好的发展环境，并且基于自由市场的碳排放交易系统比传统的单纯通过政治强制的环境治理政策的效果更优（陈向阳 等，2021）。

2.1.2　碳排放权交易的理论内涵与发展现状

《京都议定书》将市场手段引入到全球的二氧化碳减排工作中，使二氧化碳排放权如同其他商品一样，可以在确定的交易场所公开进行买卖与转让。碳交易，世界银行将其定义为"一方凭购买合同向另一方支付获得既定量的温室气体排放权的行为"，合同的一方可从另一方购买温室气体排放权，用以实现减排目标，对于碳排放权购买方来说，支付碳配额造成费用支出，对于碳配额卖出方而言，出售碳配额具有获利空间。目前纳入减排范畴的温室气体共有六种，包括二氧化碳（CO_2）、氧化亚氮（N_2O）、甲烷（CH_4）、氢氟碳化物（HFCs）、六氟化硫（SF_6）和全氟化碳（PFCs）。因其中二氧化碳在这六种温室气体中所占比例最大，所以当前国际社会将温室气体排放权交易统称为碳交易,其他温室气体产生的碳排放效果也按照一定标准转化为二氧化碳排放量,以每吨二氧化碳当量(CO_2/t)为计量单位作为交易标的。碳交易是运用市场机制来解决环境问题的一种尝试。

《京都议定书》的签订使碳排放权成为一种稀缺资源可以在碳市场中获得流通,前文提到过《京都议定书》中规定的三种碳交易机制为排放贸易机制(ET)、清洁发展机制(CDM)和联合履约机制(JI)。根据这三种机制,碳交易可分为两种类型——配额型交易和项目型交易。配额型交易是指总量管制下所产生的减排单位的交易,通常为排放权现货交易,排放贸易机制即为配额型交易;项目型交易是指通过减排项目产生的减排单位的交易,通常以期货方式进行买卖,清洁发展机制和联合履约机制都有项目型交易的政策设计。

借鉴发达国家碳交易体系设计和实践发展中取得的经验和教训,结合我国在国际CDM中作为受惠国所积累的经验,我国对碳排放权交易体系也进行了有效的探索,国家发改委于2011年10月出台的《关于开展碳排放权交易试点工作的通知》,批准北京、上海、广东、深圳、重庆、湖北和天津七个省、市开展碳排放交易试点工作,并明确了我国2013年启动碳交易试点,2015年基本形成碳交易市场雏形,2017年全国配额型碳市场全面建成的碳交易实施主线。七个碳交易试点各自分别对交易体系进行设计,出于对当地经济发展状况的考虑,七个试点在交易体系的设计上各具特色,如表2-1所示。其中,与发达国家碳交易体系相同,碳抵消机制作为碳交易重要的补充机制,在我国试点项目中也有所体现,抵消机制是指纳入碳交易体系的企业可通过向企业外部或者行业外部进行减排投资项目等措施,获得一定的核证减排量,用以抵消部分自身在实际生产过程中产生的碳排放。我国七个试点对于可使用的抵消量上限具有不同的规定。

表 2-1　我国七个碳交易试点体系设计

试点	配额分配方式	覆盖行业	碳抵消比例
北京	对企业的配额按照"分别核定、分别发放"的原则核定发放	钢铁、化工、电力热力、石化以及油气开采	不高于当年排放配额数量的5%
上海	采取免费或者有偿的方式,通过配额登记向纳入配额管理的单位分配,目前全部免费	钢铁、化工、电力等工业行业以及宾馆、商场、港口、机场、航空等非工业行业	不高于单位年度碳排放量的5%
天津	免费发放为主,拍卖或者固定价格出售等有偿方式为辅	钢铁、化工、电力热力、石油以及油气开采	不超过年度排放量的10%
广东	免费发放为主,拍卖或者固定价格出售等有偿方式为辅	电力、水泥、石化以及钢铁行业	不超过上年度实际碳排放量的10%,且70%以上应为广东省温室气体资源减排项目产生

试点	配额分配方式	覆盖行业	碳抵消比例
深圳	首个交易期内无偿分配的配额不低于配额总量的90%	电力、水务、建筑和制造业	不高于单位年度碳排放量的10%
湖北	配额总量包括年度初始配额、新增预留配额和政府预留配额	钢铁、化工、水泥、汽车制造、电力、有色金属、玻璃、造纸	不高于初始分配配额的10%
重庆	2015年前配额实行免费分配	—	不超过审定排放量的8%

2.1.3 关于碳排放权交易的相关研究

由于各国对气候变化问题的关注，对各种气候政策的选择和对比问题，一直是学术圈争论的要点。目前最普遍使用的两种政策工具是碳排放权交易和碳税，自1974年Weitzman（1974）的文章提出以来，学者们对两种工具的比较进行了大量的研究，包括对两种工具的比较（Goldblatt，2010）、对其成本有效性的讨论（Baranzini et al.，2000；Lippke et al.，2008；Ermolieva et al.，2010）、两种政策工具对企业、行业或政策集团的影响（Lund，2007；Cheng et al.，2008；Kara et al.，2008；Strand，2013）等。最近对两种工具的探讨开始包括政治经济方面，主要集中于福利影响以及气候政策的公众接受性（Babiker et al.，2003；Pezzey，2003；Brännlund et al.，2004；West et al.，2004；Parry et al.，2005；Crals et al.，2008；Bristow et al.，2010）。

Goldblatt（2010）针对南非的现实情形，分析对于南非来说合适的减排政策，他认为碳税和碳配额交易在实践中对环境和经济的作用非常不同。基于一系列公共政策评价准则，Goldblatt认为对于南非这样中等收入的发展中国家，碳税政策具有更多的优势。并且南非的能源部门的市场结构相对集中，能否建立一个具有竞争性且有效的交易市场是一个很大的问题，所以碳税政策对于南非来说相对更合适。Goldblatt还比较了两种政策的相对可信性、福利变化以及长期稳定性，但Goldblatt仍然认为这不是单纯选择哪一种政策的问题，关键还要看具体政策的设计。Ermolieva et al.（2010）认为，由于各种外生及内生的不确定性，使得各种减排政策的成本有效性遭到质疑，因而他建立了一个随机模型，使得在多重自然或人文不确定性下，减排政策的鲁棒性可以被检验，其结果认为明确地引入排放、减排成本和均衡状态使得现存的交易体系和碳税政策几乎不可能成本有效。Bristow et al.（2010）讨论了不同政策的公众接受程度，他们认为政策能否顺利实施的重要因素之一就是该政策是否能被公众所接受，因此他们利用成熟偏好技术对公众参与碳交易和交纳碳税两种政策的接受程度进行考察，结果表明，碳交易体系的具体设计对公众接受碳交易影响较大。

中国的碳交易体系虽然仍处于探索阶段，但是中国对碳排放的相关研究已经有了一定的研究基础，包括从区域层面讨论碳排放趋势及其影响因素（彭文峰，2012；Wang et al.，2012；杨青林 等，2018；曹俊文 等，2021），以及从行业角度对碳排放及其影响因素的讨论（Wang et al.，2014；王立萍 等，2018；王向前 等，2020；韩丽萍 等，2022）。Wang（2012）及其团队首先利用 STIRPAT 模型分析了城市化水平、经济水平、工业比重、第三产业比重、能源强度以及研发产出等因素对北京市二氧化碳排放的影响。Huang et al.（2019）提出了 16 个潜在的影响因素，并利用灰色关联分析法识别出与碳排放有较强相关性的因素，作者采取主成分分析（PCA）提取四个主成分，并建立了长短期记忆法（LSTM）预测中国碳排放量的方法，Huang et al.（2019）指出第二产业的碳排放量最大，中国应继续调整产业结构，降低第二产业比重，积极发展第三产业，优化高耗能产业；其次，火力发电会消耗大量煤炭资源，产生大量 CO_2，中国应积极推广风电、水电等清洁能源；另外，降低单位 GDP 能耗可以有效减少碳排放，中国要继续降低经济发展对能源的依赖。Zhou et al.（2021）在灰色系统理论的基础上提出了一种基于新信息优先原则的灰色滚动机制，并对中国的碳排放趋势进行预测，结果表明，与不考虑新信息优先级的其他两类经典预测模型相比，该模型具有更好的仿真和预测性能，且具有较高的稳定性。近年来随着中国对减排问题的重视，对于 CO_2 减排问题的相关讨论也日渐激烈（陈文颖 等，2004；高鹏飞等，2004；余伟杰，2013；李治国 等，2021；Sun et al.，2023）。可以看出我国虽然在处于碳交易体系建立的初期，但是对碳减排问题的探讨也有较广泛的基础，碳交易政策的研究为我国实现减排目标提供了新的思路。

2010 年以前，我国对于碳交易的相关研究主要关注于中国参与 CDM 项目的研究（陈文颖 等，2005；王灿 等，2008；吴世勇 等，2008），对建设中国国内的配额型交易市场的相关研究很少，基本限于定性描述阶段。2010 年以后，研究者开始就碳配额约束对中国产业的影响进行研究（王敬敏，2013；郭强 等，2018；谢家平，2022），还有对中国碳交易体系的设计进行相关研究（Zhou et al.，2013；Jiang et al.，2014；朱潜挺 等，2019；王喜平 等，2021；文扬 等，2022）。

Zhang et al.（2017）使用一般均衡模型对中国等国构建了多区域综合性的碳排放交易体系，并进行了不同情景分析。我国学者朱潜挺 等（2012）运用 Agent 建模技术构建了包含 6 个国家或地区的碳交易模拟系统。朱潜挺 等（2019）通过回顾国内外既有的主要碳交易市场的发展现状并结合京津冀地区指出碳价、配额上限和市场信心的差异导致各省市的活动水平各不相同，ETS 是大多数国家或地区控制碳排放的首选机制，碳税是辅助手段，而项目抵消机制会增加自由减排计划和森林碳汇项目。清华大学的张希良教授（2021）从理论高度厘清了国家碳市场设计中关键指标的数量关系。

2.2 碳交易体系下企业生产模式研究

2.2.1 碳交易体系下企业生产减排策略相关研究

碳配额约束使温室气体减排成为一种直接管制与经济激励相结合的减排手段（文扬 等，2022），对于企业来说既是一种约束力，又为企业提供了全新、灵活的市场机制。为了应对碳交易体系全面实施带来的挑战，同时把握碳交易所带来的机遇，企业必须采用更节能高效的生产设备，重新优化其自身生产运营策略，以最小化碳足迹。研究碳交易机制下企业的生产减排策略，企业必须充分了解碳交易，使之成为制定生产减排决策的重要依据（谢家平，2022）。

碳约束可以分为政策驱动、市场驱动和自然驱动。政策驱动的约束是指政府等外部机构对企业的监管与规制（Zhou et al.，2016）。市场驱动约束是指来自产品市场环境的关注，可能包括消费者对低碳产品的偏好、企业与竞争对手的低碳质量竞争以及其他利益相关者的要求（Li et al.，2015）。自然驱动的约束是指自然系统中气候变化的物理风险，如海平面上升、极端天气、干旱或洪水，它可能会影响商业环境，从而影响公司的运营决策（Sakhel，2017）。政策驱动的碳约束是企业运营模式中的首要碳约束因素，市场驱动的碳约束会促使企业采取产品改进和合作减排战略。目前对于自然驱动的碳约束还较少（Zhou et al.，2019）。

为了满足碳约束，企业可以采取的业务战略包括内部减排、合作减排和碳补偿三种。

内部减排战略具体又可以分为减少产量、产品改进、流程改进三种类型。减产是一种低效率的短期合规策略，特别是对于水泥、钢铁和电力等碳密集型产品，企业无须在低碳技术或绿色设施方面进行额外投资，但可能会降低利润，压缩消费者剩余（Huang et al.，2015）。产品改进是指企业可以通过降低其产品的排放强度（单位产品生产产生的碳排放）来减少碳排放，而不是减少生产量（Wang et al.，2018）。实现这一目标的方法包括采用绿色生产技术（Drake et al.，2016），转向更清洁的能源或可再生能源等投入材料（Kök et al.，2018），投资于碳捕获和储存等末端碳排放减排技术（Is legen，Reichelstein，2011），以及重新设计产品组合（Gong et al.，2013）。需要强调的是，产品的改进往往是通过额外的投资或更高的运营支出来实现的，低碳产品开发和低成本运营之间必须有一个折中，企业在选择这一战略时需要进行仔细的分析，以评估成本和收益。除了减少产出和对低碳生产的直接投资外，企业还可以通过采购、库存和分销等流程改进来实现碳减排目标。例如，从海上采购改为陆上采购可能会显著减少产品运输产生的碳排放（Sunar et al.，2016）；以较少的频率下更大的订单可能会减少潜在的货运排放（Benjaafar et al.，2013）；设计高效的供应链网络可以使碳排放和运营成本相对较低（Cachon，2014）。这一策略不需要额外的投资，但是必须要考虑其他供应链问题，如交货时间、响应要求、供应商可用性和消费者偏好等。

　　除了内部减排，企业还可能与其供应链合作伙伴甚至竞争对手合作，以实现减排目标，这就是合作减排。横向上，当同一行业的企业具有不同的碳排放减排成本时，可能存在合作竞争（Luo et al.，2016）。纵向上，企业可以进行生产、库存和交付决策来实现减少整个碳排放链的碳排放，同时分享减排信用额（Cui et al.，2022）。

　　如果上述所有的碳减排策略成本过高，企业则可以采用碳补偿策略，并支付碳排放。在政策驱动的碳约束下，企业可以为每单位的碳排放支付额外的税收，从第三方购买减排（CER）信用，或从排放交易市场购买碳排放许可证。在市场驱动的碳约束下，如消费者对低碳足迹的偏好和产品的低碳竞争，企业可以调整其产品价格以获得补偿。通过降低产品的价格，企业牺牲其边际利润来补偿产品中的碳排放。企业应该采取补偿策略还是减排策略取决于对这两种策略的成本收益分析（Ding et al.，2018）。

　　另外，诸多研究从微观、中观层面考察企业和行业在产出、成本和利润方面的影响。企业在生产方面的决策直接影响企业的碳排放量，并且在具有碳配额约束时，企业的生产成本由于碳成本的增加产生直接变化，因此，学者们对具有碳配额约束时，企业成本变化的机理及趋势展开研究（Barbot et al.，2012；Chan et al.，2013；Liu et al.，2016；Zheng et al.，2018）。除了对碳配额约束下企业的成本变动情况展开探讨，学者们还采用建模与数值分析方法对碳交易下企业的生产决策变化进行研究，例如双目标优化模型（Chen et al.，2016）、三目标优化模型（Chang et al.，2017）、系统动力学多目标优化模型（García-Alvarado et al.，2017）、Stackelberg 博弈模型（Wang et al.，2018；Zhang et al.，2022）。

2.2.2　碳交易体系下低碳供应链管理

　　供应链角度，在碳约束背景下对供应链进行设计的相关研究从近几年来开始逐步受到关注。一方面，由于碳约束的压力迫使企业减少整个供应链的碳足迹；另一方面，消费者对环境问题的重视以及因此产生的绿色产品的诉求，使得企业开始对低碳约束下的供应链重新进行设计。近年来流行的"碳标签"即是体现某种产品或服务在整个生命周期过程所产生的碳排放，它的出现一方面体现了消费者低碳意识的形成和对低碳产品的关注，部分消费者具有购买低碳产品的趋势，企业生产低碳产品并标注碳标签是满足低碳消费者的产品需求；另一方面，碳标签也体现了生产商承担碳减排责任，展现碳减排行为的一种手段，并会成为企业继续进行碳减排行为的动力（Upham et al.，2011；Ji et al.，2017）。

供应链管理理念自 1985 年由 Michael E. Porter 提出，如今已有相当成熟的发展，学者们对于供应链管理的概念并不统一，但均认为它是一个集成的管理理念。《物流术语》对供应链定义为：生产与流通过程中，将产品或服务提供给最终用户的上游和下游企业所组成的网络结构。处于供应链上游和下游之间相互独立而又相互依存。

低碳经济背景下，特别是在哥本哈根会议之后，"低碳发展"概念引起全社会的广泛关注，关于低碳相关理论引起了学术界的激烈讨论，基于绿色供应链理念，以减少温室气体排放为目标，学者们提出了低碳供应链概念，将碳排放因素融入到供应链管理理念中，对供应链各个环节中的每一个节点的能源消耗及相应的二氧化碳排放进行分析。

随着低碳理念的深入，关于低碳供应链的话题越来越热，学者们对低碳供应链相关研究的探讨主要分为两个大方面——供应链上碳足迹的核算，及供应链低碳实施与管理路径研究（丁志刚，2020）。

如前文所述，产品和服务相关的碳排放贯穿于产品的整个生命周期，从供应链角度看，从原材料采购，加工制造、分销、终端使用到最后废弃物的处理均伴随二氧化碳的产生，如何对供应链上的二氧化碳排放进行准确的计算，是进行其他进一步低碳研究的基础。Carbon Trust 于 2006 年引入碳足迹的概念并提出应将供应链的各个环节联系在一起管理碳足迹。Tukker et al.（2020）主张价值链上的几乎所有参与者都通过创造增加值而受益，需要责任分担，因为碳排放由生产者和产品用户产生，由开采者和收入者推动，并由最终消费者驱动。目前测量碳足迹的方法主要有三种，第一是基于 IPCC 提供的温室气体清单指南给出的方法，根据能源消费量及其排放系数进行评估；第二是以投入产出法（Input-ouput Analysis，IO）为基础，利用投入产出模型评估工业部门、企业、家庭、政府组织等部门的碳足迹；第三种是生命周期评估法（Life Cycle Assessment，LCA），该方法对产品及其"从开始到结束"的全部生产过程进行碳排放核算。

全生命周期评估法因为基于过程分析，对于供应链上碳足迹的核算十分适用，很多学者在研究中对产品或服务的全生命周期进行界定，之后对生命周期中的各个过程分别进行碳足迹核算。如 Choo et al.（2011），用生命周期方法对马来西亚棕榈油生产供应链上的碳足迹进行核算，提供该行业的环境绩效基本信息，为制定可持续生产有关的政策提供依据；Hawkins et al.（2013）用全生命周期评价法对电动汽车生产供应链上的碳足迹进行核算；Lee（2011）用生命周期法对汽车工业供应链上的碳排放进行核算，并将直接碳排放和隐含碳排放进行区分，并以现代汽车生产公司为例进行案例分析；Sun et al.（2022）从生命周期的角度，考虑生产和物化阶段、建造阶段、运营和维护阶段以及处置和回收阶段，提出了一种新的综合能源站 IES 碳足迹定量分析模型，将该方法应用于我国某 110kV 风电 IES 项目，对其生命周期碳排放进行分析计算，识别了碳足迹的关键影响因素。

Wan et al. (2022) 应用生命周期评价方法，计算离子型稀土资源生产混合氧化物稀土的碳足迹，分析碳足迹的来源及影响因素，弥补了稀土开采的资源环境效应中碳排放系数的研究空白；Liang et al. (2023) 从生命周期的角度重新思考了三个最广泛使用的标准（公共可用规范 2050（PAS 2050），产品生命周期会计和报告标准（GHG 协议），产品生命周期会计和报告标准（ISO 14067)），并建立了一个更合适和更全面的纸制品 CF 会计标准（CFASPP），其涵盖了纸产品生命周期的所有阶段，并更加强调碳储存，延迟排放和焚烧中的能量回收等方面对于纸产品和其他生物质导向产品的 CF 核算不可忽视。

在准确核算供应链上碳足迹的基础上，如何进一步实施供应链低碳运营是学者们更加关注的实际问题，在保持传统供应链协同与协调管理使供应链上总成本最小的基础上考虑供应链上碳足迹最小化，研究问题包括采购策略选择，供应商选择，物流模式选择及供应链上企业选址等供应链管理相关的诸多问题。如 Shaw et al. (2012a) 考虑成本、质量拒绝率、迟交率、温室气体排放和需求等因素，提出模糊层次分析法及模糊多目标线性规划等因素，在信息输入具有模糊性时，对供应商的选择及采购策略进行分析。Tseng, Hung (2014) 将企业排放二氧化碳的造成的社会成本考虑在内，对不同规划设计的服装制造供应链中的二氧化碳排放量和运营成本进行估算，结果表明，当排放的社会成本率越高时，企业越具有减排动力，因此得出结论认为对企业经济活动产生的二氧化碳所造成的社会成本进行立法，是迫使企业进行减排的有效方法。Shaw et al. (2012b) 等人对服装行业供应链在低碳目标下进行优化配置，对碳排放的核算不仅包括二氧化碳的直接排放，也包括由于贸易产生的隐含碳排放，供应链上产生二氧化碳排放的过程包括原材料购买、运输、处理及生产制造环节。张李浩 等 (2019) 以一个碳排放依赖型制造商和一个供应商组成的两级供应链为研究对象，考虑碳配额与交易机制和碳减排技术投入及消费者低碳偏好等因素下的供应链策略选择问题，研究发现，对于制造商来说，碳减排技术和购买额外碳排放权相结合的策略一直是最优的；通过制定适当的碳配额，政府可激励企业投资碳减排技术，从而降低碳排放总量并提高经济效益。Du et al. (2016) 以包括许可供应商和排放依赖型企业在内的排放依赖型供应链为研究对象，研究了"碳配额与交易"机制对排放依赖供应链中每个成员的行为和决策的影响，同时利用伯努利纳什社会福利函数可以得到最优配额分配方案。

在碳约束背景下对供应链进行设计的相关研究从近几年来开始逐步受到关注，一方面，由于碳约束的压力迫使企业减少整个供应链的碳足迹；另一方面，消费者对环境问题的重视以及因此产生的绿色产品的诉求，使得企业开始对低碳约束下的供应链重新进行设计。供应链减排问题的重要性，也体现在很多高水平学术期刊对该问题的重视，2014 年 1 月，由 Cachon 在 Management Science 上发表的关于零售商密度以及温室气体排放成本的研究，便考虑了环境因素的供应链设计问题。可见，碳交易对供应链的影响的相关研究目前虽然不多，但已经引起了学者们的关注（Abdallah et al.，2012；Chaabane et al.，2012；Skelton，2013；Ma et al.，2018；Kong，2019）。并且，在我国碳交易体系建立的初始阶段，对该问题的研究有助于推动我国低碳经济和绿色供应链的发展。

Cachon（2014）发表在 Management Science 的文章讨论了当零售商具有减排约束时，销售供应链的配置问题，他在考虑供应链运营成本的同时，将外部性成本考虑在内，认为，当企业只关注减少运营成本的时候，排放成本将可能大幅度提高，从这篇发表在 MS 上的高水平论文可以看出，近年来有关碳配额约束对供应链网络的影响方面的研究逐渐受到学者们的重视。Chaabane et al. 利用混合整数线性规划模型分析铝制品产业在综合考虑各种成本与运营策略的基础上，在经济目标与环境目标之间的权衡，结果认为，为了驱动更有意义的环境策略，现有的交易体系应该被加强，并与世界水平相一致，文章进一步阐述了有效的碳管理方式，来帮助企业以成本有效的方式实现可持续发展目标。Zhao et al.（2016）研究不同主导地位供应链企业的碳减排问题，发现通过成本分担和批发价溢价合同，零售商可以与制造商共同实现碳减排目标，并提高供应链整体利润。Wang et al.（2016）分析供应链上下游企业在低碳减排投资中的利益冲突，讨论了生产成本分摊与减排收益共享相结合实现供应链协调的方式。Wang et al.（2017）以供应链企业减排投资与政府碳税政策的相互关系为切入点，发现提高碳税税率使供应链企业各环节产品定价提高，从而降低供应链整体竞争力。

2.3 碳配额约束下企业碳管理的激励与障碍因素分析

随着碳交易体系的进一步推行，企业需要适应国家政策的发展以提高自身的低碳竞争力，它们调整生产减排策略，研发低碳技术，兼顾组织管理来应对碳配额约束，即开展高效的碳管理。孙振清 等（2011）将碳管理定义为"企业为了产品全生命周期内的温室气体减排而以最低成本减少碳排放的过程。"因此，对于企业，尤其是制造业来说实行有效的碳管理是至关重要的一环，它可以使企业实现经济与环境利益的平衡，而企业实施碳管理的激励与障碍因素也成为诸多学者研究的热点。这些因素大致可以分为三个方面：企业自身因素、市场因素和政府规制。

其中激励因素包括领导者偏好、员工社会责任感、企业战略规划、合作和竞争企业碳管理、政府政策、消费者环保意识等（表2-2）。杨东宁和周长辉

表 2-2　企业碳管理激励因素

激励因素		主　要　观　点	代表学者
企业认识	领导者偏好	领导者对于新理念的适应程度或者接受程度高，并且对于企业的中长期发展有足够的信心和良好的预期，坚信节能减排能够为企业带来长期的经济效益，因而具有碳管理的意识与理念，激励企业实施碳管理	杨东宁和周长辉（2005） Kuo et al.（2010）
	员工社会责任感	员工的社会责任感提高了环保意识，若不认同企业碳管理模式或生产行为，则会给予领导反馈，或选择重新选择有认同感的企业来从事工作，因而员工的社会责任感能够推动企业碳管理	李刚（2013）
	企业战略规划	碳管理包含在企业战略规划中，企业在实施战略规划的同时也必然促进碳管理的进一步发展	金碚和李钢（2007） 刘朝和赵涛（2011） 侯玉梅 等（2015）
市场因素	合作/竞争企业碳管理	合作企业之间进行内部碳减排，能够带来经济效益，这使得越来越多的企业选择合作伙伴时看重碳排放量，促进企业实施碳管理，推动碳减排；竞争企业之间，为实现自身低碳竞争力的提升，获得政府、利益相关方等的认可，必将加快自身碳减排能力提升，进行更具有质量的碳管理	刘家海（2010） 黄守军 等（2011）
	消费者环保意识	消费者对于低碳社会的意识倒逼着企业调整自身的运营模式，提高碳管理水平	Liu et al.（2015） 汪玉国和范莉莉（2016）
政府规制	政府激励性/限制性政策	政府的激励性政策能够促进企业不断重视碳管理，从而发展企业的碳管理体系；政府的限制性政策反过来可以给企业施加压力，企业进一步将压力化为驱动力从而深化碳管理	Montalvo（2008） 侯玉梅 等（2015） 刘传明 等（2019） 张兆国 等（2020）

（2005）通过对工业企业的问卷调查表明领导者对于企业节能减排生产行为有显著的影响，他们认为领导者将环境问题视为一种机遇而不是制约时，将推动企业积极探索经济与环境相平衡的发展途径。李刚（2013）认为员工的思想、行为对企业的低碳活动有重要作用，企业员工对碳减排的认识直接影响其参与碳管理的积极性从而影响减排效果。刘朝和赵涛（2011）运用系统解释结构模型（ISM）建立了低碳经济影响因素层级结构图，实证表明若企业将节能减排、绿色制造纳入企业战略规划当中，必然需要实施相应的碳管理，以实现战略目标，极大提升企业竞争力，同时具有更强的环境社会责任，从而进一步推进企业碳管理建设。刘家海（2010）通过资源耦合的价值模型证明企业间的资源耦合能够显著降低二氧化碳排放和其他污染物排放总量，也可以给企业带来较好的经济效益，这是企业

积极实行碳管理的内部驱动力。Liu et al. (2015)认为近年来中国消费者的生活水平不断提高，对于低碳产品的需求更为强烈，这在一定程度上促进了企业低碳运营模式的转变。Montalvo (2008)通过文献综述总结了政府强制性政策体系是企业采用低碳相关生产行为的重要驱动力。侯玉梅 等(2015)综合考虑经济增长与节能减排的双重任务，将消费者购买行为、节能减排努力准入标准、政府监督信号考虑在内，构建了政府与企业之间的多任务委托-代理模型，分别探讨了对称信息和非对称信息下政府如何设计有效的激励机制，研究指出，节能减排努力市场准入标准越高，政府应给予企业越多的固定补贴；政府监督对促进企业节能减排具有重要作用。刘传明 等(2019)指出对于实施低碳行为的企业，政府给予补贴扶持，会缓解企业的减排成本压力，从而激励企业更专注于研发创新活动，促使企业竞争力的提升。张兆国 等(2020)从认证动因这一视角出发，选取我国重污染行业上市公司为研究对象，对环境管理体系认证与企业环境绩效之间的关系及其作用路径进行了研究。研究发现，环境管理体系认证可以激励企业提高自身绩效，环保技术创新、环保投资和公司环境治理在激励影响中起到中介作用。

障碍因素主要集中在企业自身特征方面，包括企业规模、企业性质、企业固有文化、节能减排成本等(表2-3)。Towers，Burnes (2008)与Fernandes (2007)分别提出了小企业和大企业面临的阻碍，小企业缺乏资源和技术优势，员工低碳意识较淡薄；大企业虽有规模优势，却因为管理结构庞大，对于碳管理不够灵活，这些都成为阻碍企业碳管理的因素。在企业性质方面，王晓莉 等(2011)与朱德进(2013)分别探讨了民营和股份合作及国有性质的企业在碳管理中遇到的问题，民营和股份合作企业较国有企业减排意识淡薄、碳排放量大；而国有企业虽有一定的低碳意识，但是却较难摆脱其能源利用率低、能源消费量大的困境。企业固有文化同样也会造成企业碳管理的迟滞，江玉国和范莉莉(2015)指出企业文化的固有性和沉淀性会阻碍企业碳管理的变革。另外，由于企业自身的技术、资源限制所造成的节能减排成本过大也是影响企业碳管理行动的关键原因(Fleishman et al.，2010；独娟，2012；Albino et al.，2014)。

表2-3 企业碳管理激励因素

障碍因素		主 要 观 点	代表学者
企业特征	企业规模	无论是大企业还是小企业都面临碳管理的问题，但是它们的问题各不相同，却都能阻碍碳管理的发展	Fernandes (2007) Towers，Burnes (2008)
	企业性质	国有、民营和股份合作等性质的企业，由于其企业性质的不同具有不同的障碍因素。如民营企业较国有企业减排意识淡薄、碳排放量大	王晓莉 等(2011) 朱德进(2013)

障碍因素		主　要　观　点	代表学者
企业特征	企业固有文化	企业的固有文化可能会阻碍企业的革新，包括对企业碳管理造成阻碍	江玉国和范莉莉（2015）
	节能减排成本	碳管理实施的过程必然消耗大量的人力、物力、财力，研发减排技术所需要耗费的成本更是巨大，很多企业并不能支撑这种消耗，从而阻碍碳管理的发展	Fleishman et al.（2010） 独娟（2012） Albino et al.（2014）

除此之外，部分学者研究发现，企业碳信息披露程度对碳绩效管理也有一定的阻碍作用。Qian，Schaltegger（2017）研究发现，企业碳信息披露水平不足会阻碍企业碳绩效的提高。对企业来讲，环境信息披露质量低和环境信息披露范围小会阻碍企业对可持续性和改善环境绩效做出承诺。Alsaifi（2021）通过实证研究得出了相同的结果，即企业的碳信息披露程度会影响温室气体排放方面的碳绩效。

可以看出，文献中涉及的企业低碳管理影响因素虽然多却不够全面，激励因素方面领导者的碳信息储备直接影响到碳管理的水平，领导者仅仅拥有碳减排的意识是远远不够的；障碍因素方面很少有文献探讨市场和政策层面的因素，上下游企业之间的协同合作程度以及整个区域政策的协调统一程度同样是阻碍企业推行碳管理的因素，这一点对于京津冀整体区域的制造业碳减排发展尤为重要。

2.4　碳配额约束前后企业减排绩效评价

碳配额约束后的企业减排绩效是否较约束前有所提高，这是一个值得深究的问题，关系到国家碳交易的政策调整。基于此，国内外学者以不同的区域以及不同的行业为研究对象，运用不同的方法进行约束前后的绩效评价。其中，诸多学者运用可计算一般均衡（Computable General Equilibrium，CGE）模型和DEA模型模拟预测评估减排绩效。例如，Liu et al.（2016）运用CGE模型分析了2014年湖北省较2013年的碳减排量；Zhou et al.（2018）采用DEA模型来评价中国城市的二氧化碳排放绩效，并构建综合指数对2020年中国71个城市进行碳排放配额分配，结果发现，各地区在排放绩效方面存在较大差异，东部地区最优，中部次之，西部表现最差；Cheng et al.（2015）选择广东这一碳排放试点省，研究了碳交易对碳排放强度的影响，得出2020年广东省的碳排放强度将比2005年降低44%。

除了对碳交易减排效果进行预测外，部分学者运用不同的方法对减排绩效进行合理的评价，其中倍差法（Difference-in-Differences，DID）运用较多。王文军等（2018）针对2005—2015年全国七个碳交易试点机制进行减排有效性的评价，结果发现，除重庆外，其他六个省市都取得了良好的减排绩效；李广明和张维洁

（2017）采用 DID 和双重差分倾向得分匹配（Propensity Score Matching-Difference-in-Differences，PSM-DID）模型考察了碳排放交易对全国工业碳排放和碳强度的影响，结论为碳交易可以显著减少工业产业的碳排放量和碳强度；胡榕霞（2019）采用合成控制法考察了天津 2006—2017 年碳交易试点的减排效果，结果表明天津碳减排收效甚微；王欢（2019）运用传统模型构建的方法探讨了碳交易对建筑业减排的影响并进行了相应的案例分析；姬新龙 等（2021）采用 PSM-DID 方法验证得出碳排放量的降低主要是通过促进地区能源消费结构的优化来实现，在单个地区的减排效果对比中，北京、天津、上海、湖北较好，广东、重庆相对较差，这与各地区碳市场的行业和企业覆盖、碳配额管理与碳价格稳定等政策差异密切相关。

以上文献均从环境角度即碳减排量和碳减排强度考察减排绩效，部分学者除了考虑环境维度的指标外，还探讨了经济维度的因素。谭德明和何红渠（2016）将经济效益指标作为影响因素纳入碳绩效评价模型，并且将经济效益定义为传统能源投入所带来的经济增加值与营业收入的比值；张亚连和刘巧（2020）在设计碳绩效评价体系的产出指标时考虑到经济效益对企业碳绩效的影响，认为经济效益就是通过较低的碳排放量来达到企业经济利益的最大化，并且将工业总产值这一指标衡量传统能源投入所带来的经济效益；张彩平 等（2021）将单位产品原辅材料消耗、单位产品能耗等一系列碳投入经济指标作为构建造纸企业碳绩效评价体系时的影响因素。

因此，以往文献对于碳约束前后的减排绩效研究多集中于预测评估。针对碳交易实际减排效果进行探讨的文献较少；现有的文献多采用 DID 方法针对不同的研究对象进行研究，并且仅涉及碳减排量的环境层面绩效。除此之外，对于经济和社会维度减排绩效的研究少之又少。

3 京津冀地区制造业碳交易发展现状

3.1 京津冀地区碳交易发展现状

2017 年全国碳排放权交易体系逐步落实，京冀两地最早启动跨区域碳排放权交易市场建设，试图为碳市场从试点到全国的展开提供示范作用和先导经验。碳交易对企业的发展模式产生影响，为应对碳配额约束，制造业企业在其生产策略、减排手段和组织管理模式上均需做出相应调整。作为最早的碳交易试点，北京和天津地区的部分企业对碳交易认识较早，碳管理意识较强，减排技术相对成熟。北京而言，其碳交易成果颇丰。截至 2022 年底，北京碳市场累计成交各类碳排放权交易 9742 万吨，成交额 33.72 亿元。其中北京碳排放配额（BEA），累计成交量 5119.11 万吨。可以说，北京的碳市场的成交量、成交额、市场均价及交易活跃度均居全国前列。其中，2019 年全年成交碳配额 700 余万吨，交易额 4.23 亿元，同比增长 25.15%，北京碳市场交易额创历年新高。此外，北京市参与碳排放交易的排放单位范围广、类型多，不仅覆盖了电力、热力、水泥、石化、交通运输、其他工业、服务业等 7 个行业类别，还包括高校、医院、政府机关等公共机构。随着北京经济产业结构的转变，目前，北京市碳排放的重点领域已逐步由生产领域转向生活服务领域，管理对象转向规模小、数量多、分布广的单位。全市 900 余家重点排放单位碳排放总量仅占全市碳排放总量的 40%，控排系数逐年下降。北京市总部经济特征突出，大部分公司属于总部管理类，并不涉及实际工业生产，而按照目前碳排放交易管理规则，总部企业有的被划分为其他工业企业类，需要按照工业企业的控排系数标准控制排放量，一旦超出就要在交易市场上购买更多的碳配额以完成履约，这无疑增加了企业的经营成本。因此，经济结构的转变不仅对北京制造业产业的减排带来挑战，而且对管理类产业的经营也提出新的问题。

对于天津而言，其碳交易试点市场在 2013 年年底正式启动，主要覆盖范围有电力、热力、钢铁、化工、石化以及石油天然气开采行业和民用建筑领域。自其开放碳排放交易以来，二氧化碳减排量显著。2012 年，天津碳排放量为 16966 万吨，2013 年达到这一时期的峰值，为 17560 万吨，此后，每年呈下降趋势，平均每年减少近 28.5 万吨，2019 年减少到了 15847 万吨。但是，除了以上的成果之外，天津的碳交易也存在着一定程度的问题。首先，天津未颁布统一的碳排放核算标准，碳交易市场效率相对不高；其次，和北京相比，天津参与碳交易的企业较少，覆盖范围较窄；再次，天津相对于北京来说缺乏相关的研发人员，推定碳交易的进程较慢。另外一个问题就是部分企业对碳交易的认识较浅，减排行为的开展多基于政策约束，碳管理水平参差不齐，未形成具有长远规划的低碳发展模式。

河北省较京津碳交易开放晚，但其形势却更加严峻。作为华北的工业大省，其碳排放量超过京津冀地区排放总量的70%。虽然其碳减排取得了一定的成效，但是由于其经济结构不平衡、缺乏相应的法律法规，碳减排过程中存在颇多的问题。河北省工业尤其是钢铁产业占比很大，其中的减排技术和科研人才却相当空缺，碳管理水平进步较缓，这就造成了和京津减排进程的不协调，三个地区也缺乏高效的合作。

所以，总体而言，京津冀地区温室气体减排虽取得一定进展，但现状并不乐观，还存在较大挑战和减排空间。另外，我国学术界从微观角度探讨企业如何应对碳配额约束的研究相对较少，也缺少具有实际案例与数据支持的定量研究。企业如何在碳排放权交易体系的前提下，最大限度地平衡经济收益和环境效益成为一个亟待解决的问题。

3.2　京津冀地区制造业碳排放及其应对现状

3.2.1　京津冀地区制造业概况

3.2.1.1　京津冀制造业产业结构占比

在碳交易的发展过程中，京津冀各地区的工业企业逐渐适应了其新的功能定位。作为一个科技创新中心，北京着力发展知识和绿色经济，并尝试通过大力发展服务业和减少工业占比来优化经济结构。天津致力于成为全国先进制造业研发基地，确保电子信息等先进制造业和航天、生物医药、节能环保等战略性新兴产业优先发展。河北省还将延续传统产业发展，建设新型工业基地，承接北京和天津的科技成果转化。而制造业的全部外延属于工业的内涵之中，是工业的子集概念，占了工业很大的比重。

京津冀的制造业极大地影响着经济、环境和社会的发展。它是区域经济的支柱，在区域 GDP 总量中占很大比重。与"十二五"时期末相比，各地区按不变价格计算的工业增加值（IVA）均有显著提高。例如，2011 年，北京、天津和河北的 IVA 分别为 2846.7 亿元，3231.3 亿元和 9922.0 亿元；而 2022 年，IVA 分别增长到 5036.4 亿元，5402.7 亿元和 14675.3 亿元，分别增长 76.92%，67.19% 和 47.91%。其中，制造业产业占比较大（图 3-1），2016 年北京的工业部门中制造业 IVA 占比 75% 以上，其 IVA 最高的 5 个产业分别是汽车制造业，

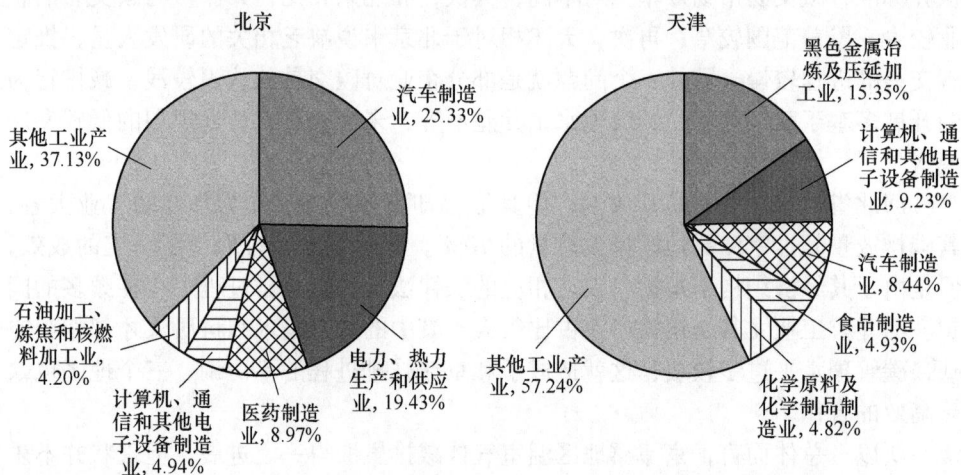

图 3-1　北京、天津的工业产业结构（2016 年）

电力、热力的生产和供应业，医药制造业，计算机、通信和其他电子设备制造业，以及石油加工，炼焦及核燃料加工业。其中 4 个属于制造业产业，其工业增加值占整个工业部门的 40% 以上。到 2021 年（图 3-2），北京工业部门中制造业的 IVA 依然较高，占比 68.4%。对于天津的工业产业来说，前五大产业是黑色金属冶炼及压延加工业，计算机、通信和其他电子设备制造业，汽车制造业，食品制造业以及化学原料及化学制品制造业，均是制造业产业，其总工业增加值约占整个工业部门的 50%。到 2018 年，天津市规模以上工业中，制造业增加值占比为 70.7%，同比增长 3.2%，拉动工业增加值增长 2.3 个百分点，对全市工业经济增长的贡献率高达 98.2%。由于无法获得河北具体行业的 IVA 数据，因此

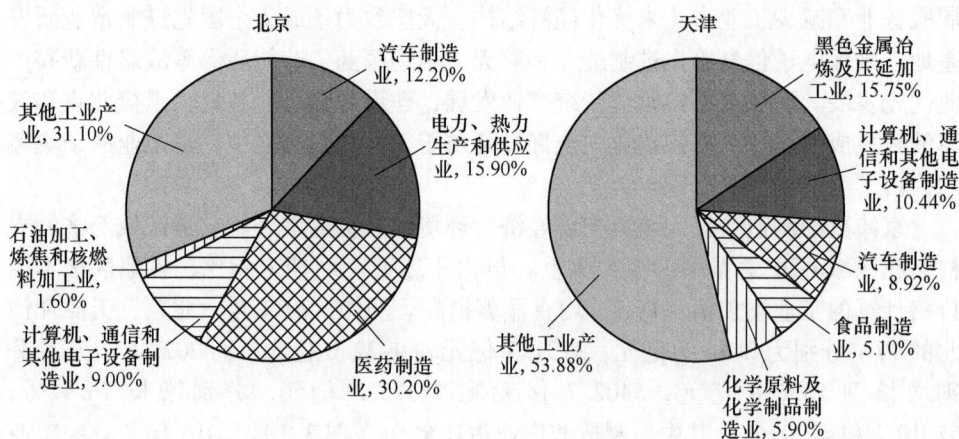

图 3-2　北京、天津的工业产业结构（2021 年）

本研究无法描述其具体的产业结构。但是，可以清晰地计算出，其 IVA 大部分来源于制造业，且占 85% 左右。

另外，虽然京津冀地区制造业 IVA 增速有所减缓，经济在逐渐转向增强第三产业的发展模式，但是 IVA 一直维持上升趋势。特别是河北省，作为传统的工业大省，其制造业产业的 IVA 比重较京津两市高出较多。制造业是资源依赖型产业，对资源的需求和消耗量大，碳排放量相应地较大。因此，对于京津冀首都经济圈来说，制造业产业是区域经济的重要源泉，在经济发展中起着举足轻重的作用，但其所造成碳排放问题无法回避。

3.2.1.2 京津冀制造业企业研发概况

京津冀地区制造业占比大，其所造成的资源大量消耗以及环境污染问题需要制造业企业不断进行科技研发，开发新能源技术和清洁生产技术来缓解和应对。从京津冀制造业企业研发投入情况可以反映企业的科技研发水平和对于科研的重视程度，在一定程度上反映企业为碳减排做出的努力。其中，研发人员数和研发强度正是其科研发展的客观体现。由于京津冀制造业相关数据难以获取，可以从工业的总体数据反映制造业的情况。图 3-3 反映了 2011—2021 年京津冀工业研发人员的变化趋势。

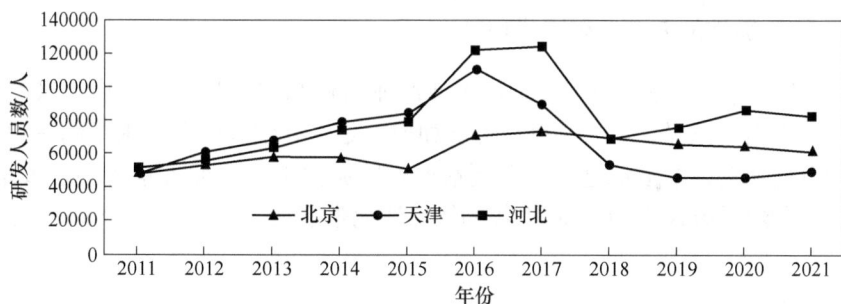

图 3-3　京津冀工业研发人员数（2011—2021 年）

2011—2021 年间，京津冀三个地区工业的研发人员数总体呈上升趋势。其中 2016 年上升幅度最大，北京涨幅 37.6%，天津涨幅 24.2%，河北涨幅 35.1%。2017 年北京地区工业产业研发人员数较 2011 年上涨了 32.1%，天津为 46.6%，河北为 58.6%，河北上升幅度最高。另外，本研究计算了京津冀工业企业的研发强度（图 3-4），该指标体现了 R&D 投入占主营业务收入的比重。

京津冀工业企业的研发强度总体而言稳步提高。其中，北京 2011 年到 2017 年的研发强度提高了 19.95%，天津为 30.37%，河北为 53.03%，上升幅度最大，并在之后 4 年保持稳步上升的趋势。纵向来看，北京研发强度基本处于最高水平，河北最低。

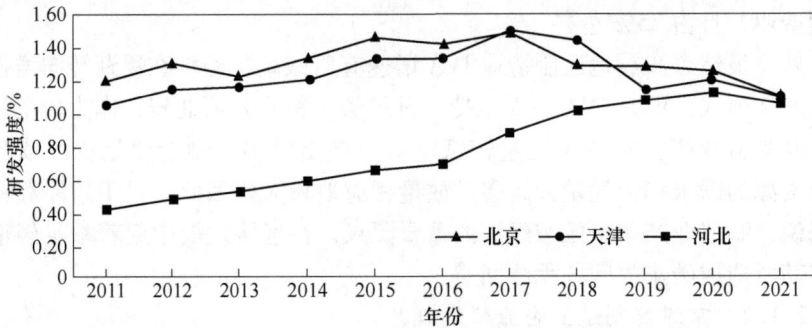

图 3-4 京津冀工业企业研发强度（2011—2021 年）

综合以上两张图可以得出，自从 2011 年碳交易开启试点以来，京津冀地区的工业企业（包括制造业企业）越来越关注科研领域的投入，无论是研发人员还是研发经费的投资都有显著的提升，反映了京津冀制造业科研投入的提高。另外，河北省由于其工业主导的经济结构，正在努力地优化当地的制造业企业，调整投入重心，取得了一定的成效。但是，和京津两地相比仍有较大的差距。

3.2.2 京津冀地区制造业碳减排现状

3.2.1 节详细阐述了京津冀地区工业产业结构和碳交易试点开启以来制造业的科研投入提升情况，那么碳排放情况如何，是否有较大改善？由于制造业的碳排放量数据缺乏，本节通过京津冀制造业的能源强度来侧面考察其碳排放情况，图 3-5 为京津冀地区 2011—2021 年的能源消耗强度。

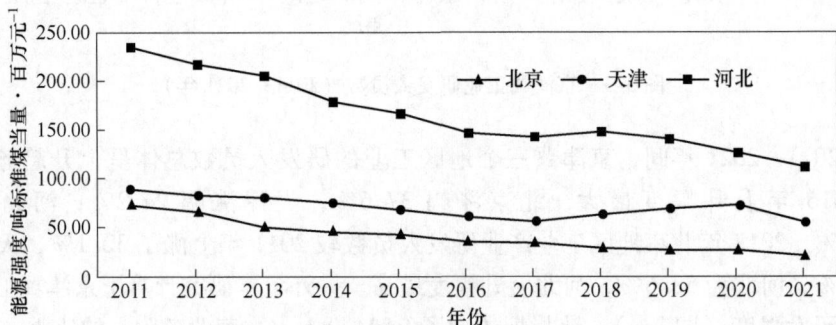

图 3-5 京津冀制造业能源强度（2011—2021 年）

2011—2017 年，京津冀地区制造业的能源效率有所提高。由于逐步淘汰落后产能并采用新型节能技术，其能源强度（单位 IVA 能耗）呈下降趋势。与河北省相比,北京和天津两地的制造业拥有相对成熟的技术和更高的能源效率。河北的能源强度最高,但作为落后产能减少最多的省份之一,其与北京和天津的能源强度差距逐渐缩小。特别是 2013 年之后,其能源强度呈现出更大程度的下降。

北京、天津和河北在能源利用效率,减排技术应用和经济发展方面存在较大差距。2011—2017 年,北京地区能源强度从 72.32t 降至 33.69t,降幅为 53.4%;天津的能源强度从 89.67t 降至 55.48t,降幅为 38.1%;河北省能源强度降低了 39.4%,从 234.58t 降至 142.27t。京津冀制造业的能源消费强度正以良好的趋势稳步下降,能源使用效率稳步提高。

总体而言,京津冀制造业所排放的温室气体近年来虽有放缓的趋势,但减少的程度并不高,他们的减排还存在极大的空间。尤其对于河北省来说,其减排效率需要进一步加强。不过,目前呈现的良好趋势表明了不断实行减排政策,进一步发展碳交易体系是正确的方向。

3.2.3 京津冀地区制造业碳排放应对现状

3.1 节介绍了近年来京津冀三个地区的碳排放情况以及碳交易政策实施以来的影响,可以看出,北京和天津由于碳交易起步早,其发展较河北来说更完善,覆盖范围更广。此外,虽然这三个地区的碳交易尚存潜在问题,但都在积极地发展碳排放权交易体系。而京津冀地区制造业占产业结构比重较高,这一定是低碳化发展的一个重要关卡。3.2.2 节阐明了京津冀地区制造业企业应对碳交易的成效,虽然碳减排速度较缓,但是这三个地区碳排放情况均有显著的改善。京津冀制造业也在不断地调整生产减排和组织管理策略以适应低碳发展的需求。

碳交易政策实施以来,给京津冀地区制造业企业的技术创新带来了较大的压力和动力,这是其适应碳交易体系的主要途径。只有凭借产品和减排技术的创新才能更好地提高自己的低碳竞争力,更好地符合国家的碳交易战略。因此,京津冀地区的制造业企业不断引进相关人才,加强碳减排技术研发和碳管理专业人才队伍的建设,从生产、交易、核算、管理层面有效地促进碳减排。另外,企业在经营决策方面也做出了积极的应对。针对碳配额约束情况,诸多企业在提高自身技术储备的同时建立了碳资产的统一管理机构和体系。面对新项目开发的问题,这样统一的机构以及内部的碳资产专业人才能够及时合理地做出精确的估计和核算,判断该项目是否值得开发,是否会造成碳资产的流失。这在增加企业盈利的同时有效地促进了碳减排的发展。企业除了加强内部对碳资产的系统管理,同时积极寻求与供应链上下游企业的合作,共同开发项目,开展资源共享和技术援助,通过互助合作提高资源利用率和碳减排量。

京津冀地区制造业企业对于碳配额约束的积极应对说明了其碳交易体系正处

于一个比较良好的发展状态，结合 3.1 节来看，三个地区的碳交易也在不断地促进碳减排以及减少能源的消耗，表明了碳交易政策的正确性；另一方面，碳交易持续健康发展的一个关键点是不断提升制造业企业的研发能力，这才是制造业企业提高自身的低碳竞争力以及国家碳交易体系顺利推进的重要一环。

4 碳配额约束下企业独立
减排策略研究

京津冀制造业企业由于参与碳排放交易而产生的成本增加包括直接成本和间接成本，直接成本是指由于购买碳排放权导致的额外成本增加；间接成本往往被定义为由于电力行业参与碳交易，将一部分碳成本转嫁到电力产品中，导致的电价提高，这对电力依赖型生产者来说，购电成本增加。但这并不意味着企业的利润或净收益一定减少。对于某些产业和企业，由于免费配额的分配和产品定价权的影响，企业有可能获得收益和利润的增加，碳配额约束对企业竞争力变化基本机理如图 4-1 所示。

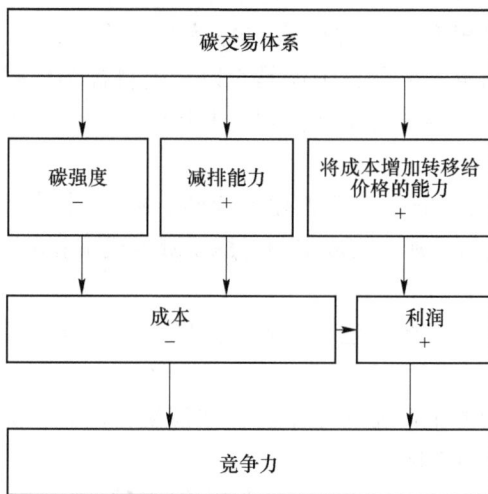

图 4-1　碳配额约束对企业竞争力影响机理

由图 4-1 可以看出，碳交易对于制造业企业竞争力造成的压力主要来自成本，由成本导致了利润损失及碳强度压力。碳强度在之前文献中从未被定义为竞争力的一种，本书研究认为碳交易实施后，企业的碳排放强度水平应成为企业新的竞争力指标，它符合竞争力概念中长期性、可控性、相对性和动态性四个特点。碳强度是指企业生产一单位产品所产生的二氧化碳排放量，碳强度高低是一个长期概念，并且可以通过提高设备的能源利用率或改善能源使用结构等对其进行改变，这是对其资源和能力的改变；同时，碳强度具有相对性，同一行业中每个企业由于使用的生产设备和减排技术不同，其碳强度也不一样；最后，碳强度的相对优势并非静止不变，碳强度劣势的企业也可以通过技术或设备升级来提升自己的碳优势。

4.1   碳配额约束对企业竞争力影响的问题识别

制造业企业参与碳交易前后，企业成本和利润构成发生改变，能源效率和碳排放强度不同的企业必然面临着不同的减排压力，碳竞争力影响企业对碳约束的压力感知，同行业企业之间的竞争地位对比也随之发生变化。

本章中涉及的竞争力指标体现在成本、利润、产品产量、产品市场占有率和碳强度几个方面，在碳排放权交易的新背景下，碳排放强度成为企业新的竞争力体现，影响其他竞争力指标。以往研究对双寡头的企业的设定往往忽略厂商间碳强度的差异，将其设定为相等的常数，这与现实情况有一定出入，企业之间碳强度有明显差异，并且该差异影响企业生产运营决策。我国出于对经济发展水平的考虑，减排目标多以强度目标为主，作为碳交易体系的具体实践者，政府对碳配额的免费分配也考虑是否以强度目标为依据进行设计。碳强度水平对企业竞争力的影响，无论从微观企业运营层面，或宏观国家政策制定方面均具有重要性。

因此，基于博弈论方法，本章构建了碳排放强度不同的双寡头博弈模型，以企业各自利润最大化为目标，其成本中考虑了减排成本和碳配额购买成本，试图解决三个主要问题：

（1）碳配额约束下，企业生产和减排策略如何变化，分析碳交易实施前后企业产量方面的变化。

（2）碳强度不同的企业相对竞争实力如何变化，分析碳交易前后双寡头在产品市场占有率方面的变化。

（3）整个行业产出的变化趋势，以及哪些因素影响行业产出的变化。

研究过程中突出体现企业碳强度差异的重要作用，揭示了企业技术升级改造，提高能源利用效率，减少碳排放强度在碳配额约束条件下给企业带来的优势。

在当前全国碳市场建立的初始阶段，很多企业对碳交易的原理仍不甚了解，探讨碳配额约束对中国企业的影响，并从企业角度探索运营过程中应对碳配额约束的策略，对于帮助在迷茫之中探索解决办法的企业了解碳交易、积极参与碳交易、应对碳交易具有重要的启示作用，从政府及政策设计层面来说，该研究为平衡经济发展目标与环境减排目标之间的矛盾提供借鉴意义。

4.2 碳交易约束下企业独立减排的博弈模型构建

随着碳排放交易体系的兴起，博弈论方法也被用来解决碳交易中的若干问题，如 Liao et al.（2015）和 Ye et al.（2015）分别采用博弈论方法对上海、深圳碳交易所的配额初始分配方案进行设计；Du et al.（2015）采用博弈论方法研究了碳配额买卖双方的博弈关系，计算配额出售方的最优定价和配额购买方在生产中的最优产量；Zhao，Zhang（2013）采用博弈论方法对两个异质产品垄断生产者在碳市场上的博弈行为进行分析。

为探讨碳配额约束对企业相对竞争力的影响，研究将采用古诺模型对同一行业中两个双寡头企业在碳交易实施前后竞争力的变化进行分析，重点分析不同碳强度的两企业在受到碳配额约束时，产量和产品市场占有率方面的变化。借鉴 Sartzetakis（2004）的模型框架，将产品市场和碳排放权市场进行分割，产品市场设定为寡头垄断结构，碳排放权市场设定为完全竞争结构。

4.2.1 碳配额约束下双寡头企业博弈模型的基本假设

本研究构建两个具有碳排放约束的双寡头企业，政府为企业发放免费碳排放权配额为 e_i 和 e_j，为达到减排目标，企业首先通过设备升级改造，提高能源效率等措施，自主减少 s_i 和 s_j 的排放量；也可通过从碳市场购买碳排放权来满足自己的排放需要（图4-2）。结合现实状况，做出如下假设：

（1）双寡头企业都是理性的"经济人"。

（2）所考虑的企业是寡头性质的制造业企业，两企业生产同一产品在市场上出售同质产品，产量分别为 q_i 和 q_j，共同面临线性的反需求函数：

$$P(q_i,q_j) = a - (q_i + q_j) \tag{4-1}$$

（3）碳交易实施前，两企业单位成本项设为相同的常数。

（4）假设企业 i 的初始碳排放量 TE_i 与其产出水平 q_i 线性相关：

$$TE_i = q_i\rho_i \tag{4-2}$$

式中，ρ_i 为企业 i 生产过程的碳排放系数（单位产品碳排放，即碳强度）。

（5）产品碳排放会具有负外部性，如果企业 i 通过自主减排减少 $s_i(s_i \geq 0)$ 排放量，则企业 i 的净 CO_2 排放量为：

$$E_i = q_i\rho_i - s_i \tag{4-3}$$

（6）基于 Jones，Mendelson（2011）对线性边际减排成本的假设，将减排总成本设定为：

$$TAC_i = \frac{1}{2}\gamma_i s_i^2 \tag{4-4}$$

（7）政府根据设计的减排总体规划，或基于行业的历史碳排放制定该行业

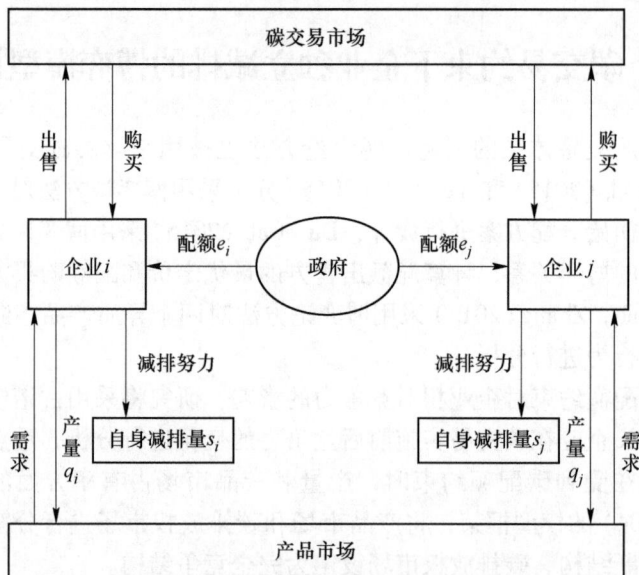

图 4-2　碳配额约束下双寡头企业的生产

的排放总量标准并无偿分配给企业：规定企业 i 允许排放的最大许可证数量为 $e_i > 0$，该配额仅限当年使用，则有 $e_i + e_j = e$，e 为行业配额总量。

当企业净碳排放量达到 $E_i \leqslant e_i$ 时，企业可向另一企业 j 出售剩余配额；若净排放量大于初始免费配额，则需要从碳市场购买配额，整个过程中企业 i 需要购买或者可以出售的碳排放量为：

$$\Delta E_i = E_i - e_i = q_i \rho_i - s_i - e_i \tag{4-5}$$

式中，$\Delta E_i < 0$ 表示企业 i 有剩余碳配额可以出售，$\Delta E_i > 0$ 表示企业 i 需购入碳配额；假设在碳交易市场上，碳配额最终的均衡价格为 P_e。

4.2.2　无碳配额约束时双寡头模型求解

当双寡头企业处于无碳配额约束的情形下时，对于企业 i 来说，其利润函数为：

$$\pi_i(q_i, q_j) = [P(q_i, q_j) - c] q_i = [a - (q_i + q_j) - c] q_i \tag{4-6}$$

为获得最优利润，对产量 q_i 求一阶导数，得到无碳配额约束时利润最大化的产品产量：

$$q_i = \frac{a - c}{3} \tag{4-7}$$

同理得到 $q_j = \dfrac{a - c}{3}$，从而得到行业总产量，即两厂商各自产量的加总：

$$q_i + q_j = \frac{2(a - c)}{3} \tag{4-8}$$

市场占有率为各厂商产量在行业总产量中的比重，此时，两厂商的市场占有率均为50%。

若保持产量不变，双寡头企业 i，j 由于生产产生的碳排放量分别为：

$$TE_i = q_i\rho_i = \frac{(a-c)\rho_i}{3} \tag{4-9}$$

$$TE_j = q_j\rho_j = \frac{(a-c)\rho_j}{3} \tag{4-10}$$

因此，只有当政府免费分配的碳配额总量 $e < \frac{(a-c)(\rho_i+\rho_j)}{3}$ 时，该行业中的双寡头企业才会感知到碳配额约束的压力，进而产生减排动力和碳交易行为；当免费分配的碳配额总量大于该阈值甚至更高时，对于企业来说，不需要任何改变，可以继续以最优产量进行生产，不需要因为碳配额的存在调整生产策略，也不会产生减排积极性。

4.2.3 碳配额约束下双寡头模型求解

当碳配额总量 $e < \frac{(a-c)(\rho_i+\rho_j)}{3}$ 时，碳配额约束对企业生产造成影响，此时企业的利润构成更加复杂，如式（4-11）：

$$\pi_i(q_i,q_j) = [P(q_i,q_j)-c]q_i - TAC - P_e\Delta E_i \tag{4-11}$$

排放约束要求企业的净碳排放量不超过政府规制的排放上限：

$$\rho_i q_i - s_i + \rho_j q_j - s_j \leqslant e \tag{4-12}$$

此时企业 i 净利润最大化模型可表述为：

$$\underset{q_i,s_i}{MAX}\pi_i = [a-(q_i+q_j)-c]q_i - \frac{1}{2}\gamma_i s_i^2 - P_e(\rho_i q_i - s_i - e_i) \tag{4-13}$$

其中，正向部分来自产品销售和多余碳配额的出售，负向部分来自减排成本和碳配额的购买。

企业 i 和 j 以最大化自身利润确定产量 (q_i^*,q_j^*) 和减排量 (s_i^*,s_j^*)，此时，对利润函数式（4-13）分别对求变量 q_i，s_i 一阶偏导，解得：

$$\begin{cases} q_i^* = \dfrac{(a-c)+P_e(\rho_j-2\rho_i)}{3} \\[2mm] q_i^*+q_j^* = \dfrac{2(a-c)-P_e(\rho_i+\rho_j)}{3} \\[2mm] s_i^* = \dfrac{1}{\gamma_i}P_e \end{cases} \tag{4-14}$$

由结果式（4-14）可以看出，当行业参与碳交易后，排放总量限制对行业总产出造成负面影响，碳配额约束使行业总产量由 $\frac{2(a-c)}{3}$ 减少至 $\frac{2(a-c)-P_e(\rho_i+\rho_j)}{3}$，

减少量为 $\dfrac{P_e(\rho_i+\rho_j)}{3}$，该经济损失由碳价和两企业的碳排放强度决定，若纳入碳交易体系的行业整体碳排放强度水平较低，则碳交易实施后整个行业的损失不大，行业整体经济效益不会受到严重打击；而如果行业总体碳排放强度较高，在受制于碳配额约束后，整个行业经济产量将会严重受挫。

具体对行业中每一个寡头企业而言，q_i^* 和 q_j^* 为双寡头各自的产量，由式（4-14）可以看出，每个厂商的在产品市场上的均衡产量不仅受到自身碳强度水平的影响，还与竞争对手在碳强度方面的相对高低有关，与直观判断不同，碳配额约束并不是完全对产品产量造成负面影响，甚至有可能帮助企业增加产量：当 $\rho_j \geqslant 2\rho_i (i \neq j)$ 时，对比式（4-14）与式（4-7），有 $q_i^* \geqslant q_i$，即当一方碳强度比另一方的两倍更高时，低碳强度企业将利用碳竞争力优势增加产量，进一步扩大在产品市场上的占有率；而碳强度较高的一方产量大幅度削减，碳配额约束对企业生产造成负面打击。当 $\rho_j \leqslant 2\rho_i$ 且 $\rho_i \leqslant 2\rho_j (i \neq j)$ 时，两企业碳强度差别不大，相对于管制之前，较先进一方的绝对产量也将有所下降。

式（4-14）还体现了企业最优自主减排量 s_i 与碳价 P_e 之间的关系，对于厂商 i 来说，其最优减排量 s_i 与边际减排成本系数 γ_i 成反比关系，边际减排成本系数越高的企业，其自主减排量越低；边际减排成本的意义在于下一单位减排量所花费的成本。对于企业减排来说，当前排放量越大，效率越低，可减排空间也越大，此时边际减排成本较小；对于已经实现较大减排成果的企业，进一步减少碳排放量的空间更小，难度更大，即边际减排成本也更高。当 $\gamma_i s_i^* = P_e$ 时，企业边际减排成本与当前碳价持平时，下一单位产品自主减排所支付的成本将大于碳市场碳价，此时，自主停止自主减排，转而购买碳配额实现减排目标。

上述碳市场达到均衡时排放约束式（4-12）取等式，与最优化一阶条件联立得均衡碳价：

$$P_e = \frac{(a-c)(\rho_i+\rho_j)-3e}{2(\rho_i^2+\rho_j^2-\rho_i\rho_j)+3\left(\dfrac{1}{\gamma_i}+\dfrac{1}{\gamma_j}\right)} \tag{4-15}$$

得到企业 i 的均衡产量：

$$q_i^* = \frac{(a-c)}{3}+\frac{\rho_j-2\rho_i}{3}\times\frac{(a-c)(\rho_i+\rho_j)-3e}{2(\rho_i^2+\rho_j^2-\rho_i\rho_j)+3\left(\dfrac{1}{\gamma_i}+\dfrac{1}{\gamma_j}\right)} \tag{4-16}$$

4.3 碳配额约束下企业减排策略的实证检验

为了更清晰地展示碳配额约束实施前后企业竞争力的变化，本节以河北省两铝型材加工业的实际碳排放数据，结合北京、天津和全国碳市场平均碳价，设计案例对碳强度不同的企业在碳配额约束下受到的影响进行分析和验证。需要注意的是，由于本章研究对象为行业中双寡头企业，案例中两企业在满足当地铝制品需求方面虽然市场占有率较高，但从全国铝制品加工业整体来说并非寡头企业，尽管如此，考虑到河北省暂时不参与其他地区的碳交易，因而对案例进行抽象，将地域范围限制在区域内部，假定河北省对铝型材需求全部来自这两家企业，不存在区域外进口的情况。并且，第4.2节理论研究结果具有一定的普适性，对案例中难以取得的数据进行合理估算和假设并不影响数据结果的变化趋势，可以认为本案例能够反映和验证理论模型结果。

4.3.1 具有碳配额约束的双寡头企业设计描述

出于企业对信息保密的要求，两铝型材加工企业命名为 M 和 Z，铝型材加工主要能源消耗为电力，加工设备中熔炼炉、铝棒加热炉和固化炉会燃烧部分天然气。M 企业 2014 年前未进行设备升级改造，2013 年有部分烟煤燃烧，根据企业提供的 2013—2015 年的能源消耗数据计算二氧化碳排放总量分别为 48926t，35655t，41469t，铝型材产品产量分别为 27859.12t，36351.61t 和 42934.52t，得到三年的碳排放强度为 1.77tCO$_2$/t，0.98tCO$_2$/t，0.97tCO$_2$/t；Z 企业 2013—2015 年均使用天然气设备，三年碳排放总量分别为 28051t，26124t，26313t，产品产量分别为 33040t，32142t 和 36008t，碳排放强度分别为 0.85t，0.81t，0.73t。

式（4-14）的结论显示，当双寡头企业的碳强度比值大于 2 时，碳强度较低的企业将利用碳竞争力优势扩大自己的产量优势，碳强度较高的企业产量将受到打击，2013 年，两企业的碳强度分别为 1.77tCO$_2$/t 和 0.85tCO$_2$/t，属于高碳强度差异情形；M 企业通过设备升级，降低碳排放强度，2015 年碳强度降低到 0.97tCO$_2$/t，Z 企业 2015 年碳强度为 0.73tCO$_2$/t，属于低碳排放差异情形，设高低碳强度情形分别为 A$_1$ 和 A$_2$，两企业的相关参数如表 4-1 所示，由于企业拒绝提供成本数据，假定碳交易实施前后企业生产方面的成本不变，且同一产业中不同企业的生产技术相差不大，先进水平基本在同一水平线上；另一方面因为本节重点分析碳配额约束对企业产量的影响，不考虑生产技术本身的差距对企业产量的影响，所以单位成本和反需求函数进行假定并不影响结果变化趋势，根据铝制品行业报告，估算单位生产成本为 1000 元/吨，反需求函数为 $P(q_m, q_z) = 91000 - (q_m + q_z)$，最后根据边际减排成本系数的特征对其进行假设。

如前文所述，碳配额总量不宜过大，只有当 $e < \dfrac{(a-c)(\rho_i + \rho_j)}{3}$ 时，才能保证碳交易制度的约束力，为考察不同的碳配额总量上限对双寡头企业各自和行业产出的影响，本书研究将碳交易约束总量 e 设定为在区间 $(30000, 70000)$t 之间变动。

表 4-1 双寡头企业的参数设定

参　　数	A₁：高碳强度差异情形（2013 年）		A₂：低碳强度差异情形（2015 年）	
	企业 M	企业 Z	企业 M	企业 Z
碳强度/$tCO_2 \cdot t^{-1}$	1. 77	0. 85	0. 97	0. 73
边际减排成本系数/元·tCO_2^{-1}	2	5	4	7
单位生产成本 c：1000 元/吨				
反需求函数 $P(q_m, q_z) = 91000 - (q_m + q_z)$				

4.3.2　具有碳配额约束的双寡头企业竞争力变化

2013 年，两企业碳强度比例属于 A₁ 情形，相比 Z 企业，M 企业碳强度非常高，两企业产量及行业总产出结果如图 4-3 所示；当两企业之间碳强度差异较小时，各企业产量及行业总产出结果如图 4-4 所示。

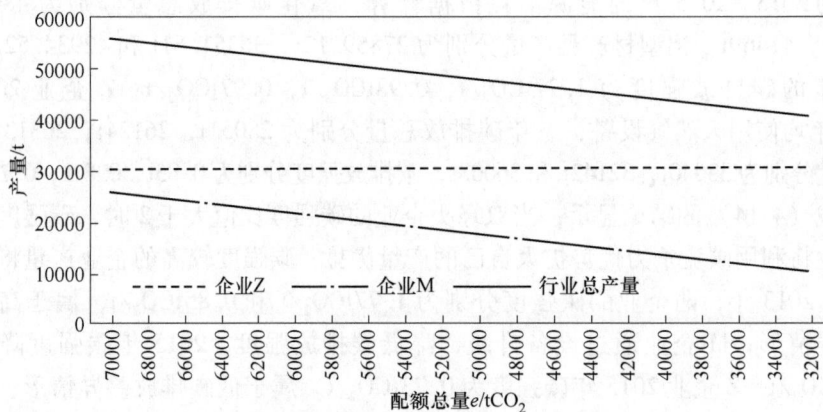

图 4-3　高碳排放差异情形下具有碳配额约束的两企业产品产出

2013 年，两企业之间碳强度差异较大时，属于模型中的 A₁ 情形，企业 Z 碳强度较小，企业 M 碳强度较大的，相比而言，企业 Z 在碳强度方面具有较大的竞争力，这种竞争力会帮助其在与 M 的竞争中占有优势。从图 4-3 可以看出，虽然碳配额约束使企业的成本增加，但是由于企业 Z 在碳竞争力方面的相对优势，使得企业 Z 进一步扩大自己的生产规模；而对于碳强度较大的企业 M 来说，情况则十分严峻，碳交易的实施一方面使其生产成本增加，另一方面其自身碳竞争力的缺失将进一步导致其在产品市场上竞争不足，产量大幅度减少，并且，随着碳配额总量越发紧张，这种产量的削减越发严重，与碳强度较低的企业碳强度差异越大，对产量的打击也越大，如果不考虑技术提升以改进能源利用效率以及排放减少，较大的碳排放强度最终会将其逼退出产品市场。在碳交易实施之前，两

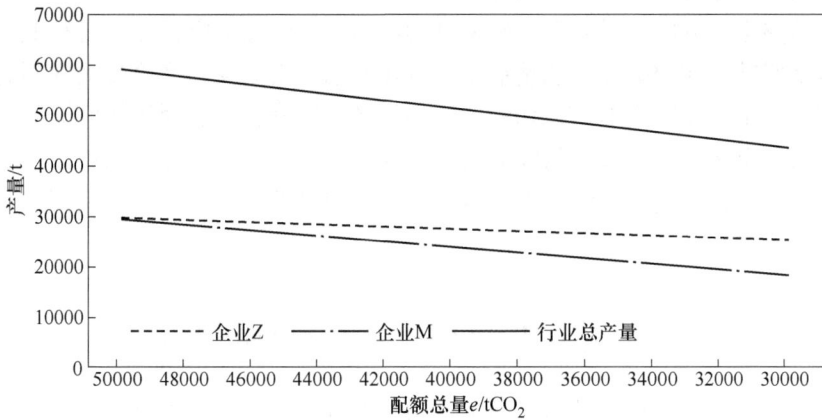

图4-4 低碳排放差异情形下具有碳配额约束的两企业产品产出

厂商在产品市场上的占有率基本相同，碳交易实施后，企业 Z 产量增加，企业 M 产量减小，相同的市场占有率形势被打破，企业 Z 在产品市场上的市场占有率较大，取得优势。

配额总量约为 65000t 时，与现实情况较符合，免费配额约覆盖企业排放量的 95%，按照模型计算结果，企业 M 和 Z 的最优产量分别应为 24834t，30314t 左右，2013 年企业实际产量分别为 27859t，33040t，差异很小，且变化趋势与模型一致，检验了模型的正确性。

2015 年两企业碳强度相差不大，属于 A_2 情形，结果显示在图4-4 中，经过对设备进行升级改造，淘汰需要燃烧烟煤的设备，改用天然气燃烧设备后，企业 M 的碳排放强度有了显著提高，与企业 Z 在碳竞争力方面基本持平，但仍有微弱差距，企业 Z 在产品市场上仍有优势，但相比有碳配额约束的情况，产量仍有降低。所以，从同行业竞争的角度来说，相比竞争对手，企业的碳强度越低，对于自身来说越有利，自身的碳强度优势将成为企业的强大竞争力，帮助企业扩展在产品市场上的占有率。具体每个企业产量来说，模型计算结果相比企业实际产量较小，是由于假设中 2015 年和 2013 年需求函数相同导致，因为随着经济发展，2015 年对铝型材的需求比 2013 年更大，企业产量也会相对提升。然而该设定并不影响其变化趋势和市场占有率情况，碳强度较低的企业 Z 仍占据产品市场一半以上的优势，并且，随着碳配额越来越紧，市场占有率更大。

A_1 与 A_2 两种情况具有一些共同特点：首先，对于碳强度优势明显的企业 Z 来说，无论碳配额总量宽松还是紧缩，虽然对其产量有一定的影响，但是无论是产量增加还是减少，波动并不剧烈；相比之下，碳强度较高的企业 M 对于碳配额总量非常敏感，配额量微弱的调整都对其产量有较大的影响，也就是说，碳竞争力较弱的企业对于碳配额约束更敏感。

而从整个行业的产量来看，碳配额约束的实施将在一定程度上对行业的整体产量有所影响，随着碳配额总量缩紧，行业的总产出减少，这给政策的制定提出了更高的要求：我国当前最迫切的任务仍然是经济发展，过紧的配额会对行业的产出造成严重影响，而过松的配额会使得碳市场疲软，碳交易体系难以发挥其应有的约束作用，如何在经济发展和减少排放之间寻求平衡，是相关政策制定者和学者们需要深刻考虑的问题之一。

4.4　利用碳抵消项目实现减排目标

碳抵消机制作为碳交易体系中重要的补充机制，为参与碳交易的企业提供了更加灵活的履约方式，其规模和范围的设计同时影响着强制减排主体之外的企业在碳交易市场的参与程度，当前各交易体系对可抵消量上限的设计机制不同，对碳市场影响方式也有所差异。

所谓碳抵消机制，是主管部门对"核证减排量"的具体使用规定，企业自行在市场上购买核证减排量，用来抵消企业的实际排放，用于抵消企业实际碳排放的核证减排量数量为"碳抵消量"。碳抵消机制对于企业具有重要的积极意义，企业可以通过投资碳减排项目获得核证减排量以抵消企业的实际排放。碳抵消机制为碳交易体系中的企业提供除了自主减排、购买碳配额之外第三种履约方式。同时，碳抵消机制为亟待发展的行业和地区提供支持，跨行业和跨区域的扩大碳市场影响力。碳配额约束对行业产出造成压力，发展较弱的行业将受到严重的负面影响，碳抵消机制可针对某些行业选择特定的减排项目，支持弱小产业（鄢德春，2013）；同时，碳抵消机制也是有效的市场激励手段，激励企业的正向减排行为。

碳抵消机制是碳排放交易体系中非常重要的组成内容，国际上已投入运行的碳交易体系普遍设计了碳抵消机制：不同的交易体系对抵消机制的设计各不相同，具有不同的地域影响范围，不同的产业领域及不同的抵消上限。碳抵消上限具有两种主要的设计类型，一种是以配额总量为基准，限定可使用的碳抵消上限占配额总量的一定比例，代表性排放交易体系有瑞士排放交易体系、美国区域温室气体行动计划等；另一种抵消上限设计以减排总量为基准，限定碳抵消量上限占总减排量的一定比例，代表性排放交易体系为欧盟排放交易体系。

中国的碳交易试点也包含碳抵消机制的相关制度安排：广东和重庆将林业碳汇等项目引入碳抵消机制；广东规定抵消上限不超过年度排放量的10%，批准企业使用中国核证减排量的同时，利用当地主管机关独立审批的自愿减排项目抵消碳排放；深圳将对强制减排企业在中西部欠发达地区投资生产的核证减排量进行认证，抵消上限要求不超过年度碳排放量的10%；北京和上海规定抵消上限不超过配额总量的10%，北京要求抵消上限不超过配额总量的10%。基于排放总量的抵消上限是基于配额总量上限的另一种表现形式，其内涵都是以排放量（而非减排量）为依据。

4.4.1 碳抵消机制下双寡头企业博弈模型的基本假设

延续前文双寡头企业的假设，政府给企业发放的碳排放权配额为 e_i 和 e_j，企业在减排约束下进行生产，在无碳抵消机制的情况下，为达到减排目标，企业首先会通过自身的减排努力，减少 s_i 的排放量，随着企业减排量的增加，其边际减排成本随之增加，当边际减排成本与碳价相等时，企业不再通过自身努力减排，转而购买碳排放权来满足自己的排放；在这种机制下，如果存在碳抵消市场，抵消市场的碳汇价格小于交易市场的碳价，那么理性的企业首先选择购买抵消额度，对抵消额度需求的增加导致碳汇市场的供应量增加，降低碳汇价格，最终碳汇价格、碳配额交易价格和企业自身的边际减排成本达到同一点，即新的均衡碳价，即为了实现减排目标，抵消机制的存在为企业提供三种灵活的途径：自身努力，购买碳排放权，购买碳抵消量以抵消自己的实际排放（图4-5）。

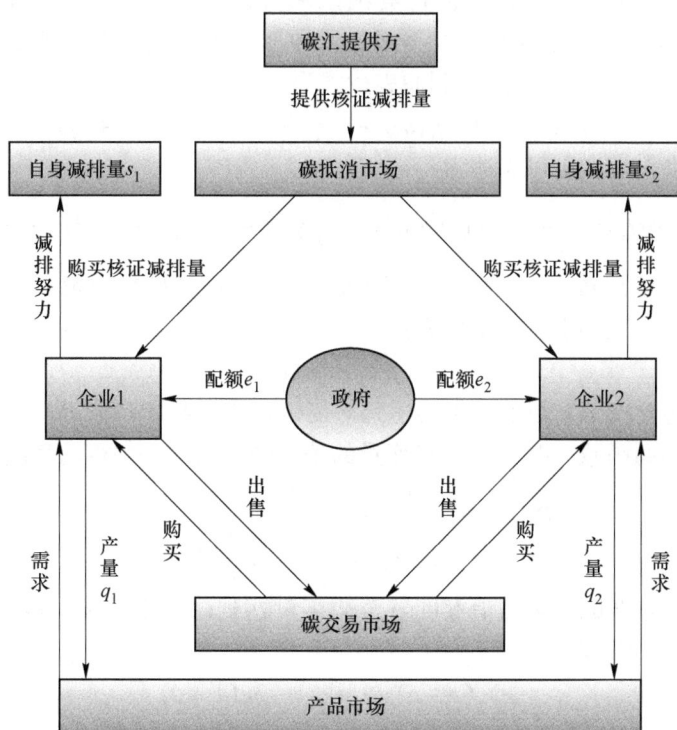

图4-5 存在碳抵消机制的双寡头企业生产

存在碳抵消机制时，初始配额 e_i 不能满足净排放量 E_i 的企业 i 可以通过从碳市场中购买配额，或从碳汇出售方购买额外的核证减排量 $\varepsilon_i \geqslant 0$ 实现减排目标。第4.3节模型分析结果显示，均衡碳价一旦确定，企业 i 会持续自主减排，直至其边际减排成本 $MAC_i = \gamma_i s_i$ 升高到与碳价持平后停止自主减排，进入碳市场购买配额。

4.4.2 参与抵消机制的双寡头企业博弈模型求解

碳抵消机制的上限设计分为两种，一种以配额总量为基准，可使用的抵消量不超过配额总量的一定比例；另一种以减排总量为基准，规定可使用的抵消量不超过减排总量的一定比例，虽然不同抵消上限对碳价均造成影响，但影响机制并不相同。将两种不同类型的抵消上限纳入双寡头模型，分别进行求解并进行对比分析，揭示抵消上限对碳价及行业产出的影响机理。

4.4.2.1 以配额总量为基准的碳抵消上限情形

当碳交易市场上存在初始配额有剩余的企业与碳汇企业共同充当卖方时，排放配额有剩余的企业被等价地视为不参与碳汇交易；当行业内普遍碳排放配额不足时，企业 i 和 j 均可参与抵消项目，可使用的最大抵消量为 ε_i 和 ε_j，且 $\varepsilon_i = \theta e_i$，$\varepsilon_j = \theta e_j$，即抵消上限，该值在美国区域温室气体行动计划（RGGI）内为3.3%，在瑞士排放交易体系以及美国加州和加拿大魁北克省的排放交易体系内被设定为8%。此时，企业 i 净利润表达式为：

$$\pi_i(q_i, q_j) = [P(q_i, q_j) - c]q_i - TAC - P_e(\Delta E_i + \varepsilon_i) \tag{4-17}$$

利润最大化模型则可表述为：

$$\max_{q_i, s_i} \pi_i = [a - (q_i + q_j) - c]q_i - \frac{1}{2}\gamma_i s_i^2 - P_e(\rho_i q_i - s_i - e_i + \varepsilon_i) \tag{4-18}$$

与式（4-13）对比，使企业 i 的净排放量核算减掉碳抵消量 ε_i，此时约束条件由于碳抵消额度的引入，变化为：

$$\rho_i q_i - s_i + \rho_j q_j - s_j \leqslant e + \varepsilon_i + \varepsilon_j \tag{4-19}$$

当上述包含抵消市场的碳市场达到均衡时，式（4-19）取等式，根据一阶最优化条件对利润函数（4-18）求自变量的偏导数，联立，解得均衡碳价：

$$P_\varepsilon = \frac{(a-c)(\rho_i + \rho_j) - 3(e + \varepsilon_i + \varepsilon_j)}{2(\rho_i^2 + \rho_j^2 - \rho_i\rho_j) + 3\left(\dfrac{1}{\gamma_i} + \dfrac{1}{\gamma_j}\right)} \tag{4-20}$$

考虑到企业会购买碳抵消额度直至购买量达到法定上限 $\varepsilon_i = \theta e_i$ 后再考虑进行碳配额交易，得到：

$$P_\varepsilon = \frac{(a-c)(\rho_i + \rho_j) - 3e(1 + \theta)}{2(\rho_i^2 + \rho_j^2 - \rho_i\rho_j) + 3\left(\dfrac{1}{\gamma_i} + \dfrac{1}{\gamma_j}\right)} \tag{4-21}$$

与无碳抵消机制时的均衡碳价公式（4-15）相比，均衡碳价变化量为：

$$\Delta P_e = \frac{-3\varepsilon}{2(\rho_i^2 + \rho_j^2 - \rho_i\rho_j) + 3\left(\dfrac{1}{\gamma_i} + \dfrac{1}{\gamma_j}\right)} < 0 \tag{4-22}$$

即碳汇总量 $\varepsilon = \varepsilon_i + \varepsilon_j$ 的引入线性地降低碳市场中的均衡碳价。碳价降低导致双寡头企业对产品生产策略也进行了调整，根据对式（4-18）的一阶最优化条件和碳价表达式，得到企业在可以利用碳抵消机制的条件下，最优产品产量为：

$$q_{\varepsilon i}^* = \frac{a-c}{3} + \frac{\rho_j - 2\rho_i}{3} \times \frac{(a-c)(\rho_i + \rho_j) - 3e(1+\theta)}{2(\rho_i^2 + \rho_j^2 - \rho_i\rho_j) + 3\left(\dfrac{1}{\gamma_i} + \dfrac{1}{\gamma_j}\right)} \tag{4-23}$$

由式（4-23）可知，由于碳价降低，对企业而言碳成本压力减小。当 $\rho_j \leqslant 2\rho_i$ 且 $\rho_i \leqslant 2\rho_j (i \neq j)$ 时，两企业排放强度接近，碳交易实施前后，两企业产量均有下降，当引入碳抵消机制后，对比式（4-23）与式（4-16），可以看出企业产量将有所增加，缓解了碳配额约束下产量损失压力；当 $\rho_j \geqslant 2\rho_i$ 时，碳强度较低的企业产量增加，碳强度较高的企业产量减少，引入碳抵消机制后，碳强度较低的企业产量增加量有所下降，碳强度较高的企业由于碳成本压力减小，企业产量也有所恢复，两者在产品市场上的占有率差距缩小。

从行业整体产品产出来看，碳抵消机制引入后，行业总产出为两企业的产量之和：

$$Q = \frac{2(a-c)}{3} - \frac{(\rho_i + \rho_j)}{3} \times \frac{(a-c)(\rho_i + \rho_j) - 3e(1+\theta)}{2(\rho_i^2 + \rho_j^2 - \rho_i\rho_j) + 3\left(\dfrac{1}{\gamma_i} + \dfrac{1}{\gamma_j}\right)} \tag{4-24}$$

与抵消机制引入前相比，线性地降低产品碳配额约束对市场均衡产出的负面影响，行业总产量增加量为：

$$\Delta Q = \frac{\varepsilon(\rho_i + \rho_j)}{2(\rho_i^2 + \rho_j^2 - \rho_i\rho_j) + 3\left(\dfrac{1}{\gamma_i} + \dfrac{1}{\gamma_j}\right)} \tag{4-25}$$

4.4.2.2 碳抵消上限占企业碳减排总量的比例上限时模型求解

欧盟排放交易体系（EU-ETS）对碳抵消使用量上限的规定跟其他排放交易体系有所差异，以总减排量为基础，以占总减排量为基准设计抵消比例上限，假设该上限为 θ_s，即 $\varepsilon_i = \theta_s s_i$；EU-ETS 同时规定各企业的具体碳抵消数量限制由相关法律规定方法计算决定，并设定 2008—2020 年碳抵消总量占总减排总量比例上限为 50%，即 $\varepsilon = (s_i + s_j)/2$。为简化问题起见，假设两企业的抵消数量上限相同，即 $\theta_{is} = \theta_{js} = \theta_s$，其利润最大化模型则可表述为：

$$\max_{q_{is}, s_{is}} \pi_i = [a - (q_i + q_j) - c]q_i - \frac{1}{2}\gamma_i s_i^2 - P_e[\rho_i q_i - (1-\theta_s)s_i - e_i] \tag{4-26}$$

此时排放约束条件为：

$$\rho_i q_i - s_i + \rho_j q_j - s_j \leqslant e + \theta_s (s_i + s_j) \tag{4-27}$$

碳市场达到均衡时，式（4-27）取等式，与一阶最优化条件联立，求得均衡碳价 P'_ε：

$$P'_\varepsilon = \frac{(a-c)(\rho_i + \rho_j) - 3e}{2(\rho_i^2 + \rho_j^2 - \rho_i \rho_j) + 3(1 + \theta_s)(1 - \theta_s)\left(\dfrac{1}{\gamma_i} + \dfrac{1}{\gamma_j}\right)} \tag{4-28}$$

对比不引入抵消机制的碳市场均衡碳价式（4-15），较难求得碳价降低的绝对量，但均衡碳价的降幅比较清晰：

$$
\begin{aligned}
100\% - \frac{P'_\varepsilon}{P_e} &= 1 - \frac{2(\rho_i^2 + \rho_j^2 - \rho_i \rho_j) + 3(1 - \theta_s^2)\left(\dfrac{1}{\gamma_i} + \dfrac{1}{\gamma_j}\right)}{2(\rho_i^2 + \rho_j^2 - \rho_i \rho_j) + 3\left(\dfrac{1}{\gamma_i} + \dfrac{1}{\gamma_j}\right)} \\
&= \frac{\theta_s^2\left(\dfrac{1}{\gamma_i} + \dfrac{1}{\gamma_j}\right)}{2(\rho_i^2 + \rho_j^2 - \rho_i \rho_j) + 3\left(\dfrac{1}{\gamma_i} + \dfrac{1}{\gamma_j}\right)}
\end{aligned} \tag{4-29}
$$

相比不引入抵消机制的碳市场，行业总产出得到挽救，产量增加幅度为：

$$100\% - \frac{\Delta Q_\varepsilon^*}{\Delta Q_e^*} = \frac{\theta_s^2\left(\dfrac{1}{\gamma_i} + \dfrac{1}{\gamma_j}\right)}{2(\rho_i^2 + \rho_j^2 - \rho_i \rho_j) + 3\left(\dfrac{1}{\gamma_i} + \dfrac{1}{\gamma_j}\right)} \tag{4-30}$$

4.4.3　不同抵消机制设计对企业生产减排策略对比分析

由 4.4.2 节的分析可知，不同的抵消上限设计对碳价、企业产量和行业总产出的调节机制有所不同：当抵消上限以配额总量进行设计时，相比无抵消情形，碳价的降低体现为绝对量减少，碳价变化量为式（4-22），对产业总产出的损失有所挽救，行业总产出的增加量为式（4-25）；而当抵消上限基于减排总量制定时，抵消机制可以非线性地降低碳市场中的均衡碳价，以及挽救行业产出总量，幅度均二次正比于抵消量上限。可以看出，无论抵消上限如何设定，碳抵消机制的引入都一定程度上降低了均衡碳价，并缓解了碳排放约束给企业造成的生产损失，只是影响程度不同（表 4-2）。

4.4.4　碳抵消机制调节作用的数值验证

为了验证模型分析结果，仅以河北铝型材加工企业为例，由于河北制造业企业可跨区域参与北京碳交易体系并对碳抵消上限有所规定，要求可使用的抵消额度上限不超过初始配额的 10%，本章重点考察碳抵消机制对于碳价的调节机制，进而揭示抵消机制上限的变化对行业总体产出的影响，因此本节案例仅以 M 企

表4-2　不同碳交易机制设计下的碳价和企业的生产决策

	无抵消机制	抵消上限占配额总量比例 θ	抵消上限占减排总量比例 θ_s
均衡碳价	$P_e=\dfrac{(a-c)(\rho_i+\rho_j)-3e}{2(\rho_i^2+\rho_j^2-\rho_i\rho_j)+3\left(\frac{1}{\gamma_i}+\frac{1}{\gamma_j}\right)}$	$P_\varepsilon=\dfrac{(a-c)(\rho_i+\rho_j)-3e(1+\theta)}{2(\rho_i^2+\rho_j^2-\rho_i\rho_j)+3\left(\frac{1}{\gamma_i}+\frac{1}{\gamma_j}\right)}$	$P'_\varepsilon=\dfrac{(a-c)(\rho_i+\rho_j)-3e}{2(\rho_i^2+\rho_j^2-\rho_i\rho_j)+3(1+\theta_s)(1-\theta_s)\left(\frac{1}{\gamma_i}+\frac{1}{\gamma_j}\right)}$
企业 i 最优生产量	$\dfrac{a-c}{3}+\dfrac{\rho_j-2\rho_i}{3}\times\dfrac{(a-c)(\rho_i+\rho_j)-3e}{2(\rho_i^2+\rho_j^2-\rho_i\rho_j)+3\left(\frac{1}{\gamma_i}+\frac{1}{\gamma_j}\right)}$	$\dfrac{a-c}{3}+\dfrac{\rho_j-2\rho_i}{3}\times\dfrac{(a-c)(\rho_i+\rho_j)-3e(1+\theta)}{2(\rho_i^2+\rho_j^2-\rho_i\rho_j)+3\left(\frac{1}{\gamma_i}+\frac{1}{\gamma_j}\right)}$	$\dfrac{a-c}{3}+\dfrac{\rho_j-2\rho_i}{3}\times\dfrac{(a-c)(\rho_i+\rho_j)-3e}{2(\rho_i^2+\rho_j^2-\rho_i\rho_j)+3(1+\theta_s)(1-\theta_s)\left(\frac{1}{\gamma_i}+\frac{1}{\gamma_j}\right)}$
行业 i 产出	$\dfrac{2(a-c)}{3}-\dfrac{(\rho_i+\rho_j)}{3}\times\dfrac{(a-c)(\rho_i+\rho_j)-3e}{2(\rho_i^2+\rho_j^2-\rho_i\rho_j)+3\left(\frac{1}{\gamma_i}+\frac{1}{\gamma_j}\right)}$	$\dfrac{2(a-c)}{3}-\dfrac{(\rho_i+\rho_j)}{3}\times\dfrac{(a-c)(\rho_i+\rho_j)-3e(1+\theta)}{2(\rho_i^2+\rho_j^2-\rho_i\rho_j)+3\left(\frac{1}{\gamma_i}+\frac{1}{\gamma_j}\right)}$	$\dfrac{2(a-c)}{3}-\dfrac{\rho_i+\rho_j}{3}\times\dfrac{(a-c)(\rho_i+\rho_j)-3e}{2(\rho_i^2+\rho_j^2-\rho_i\rho_j)+3(1+\theta_s)(1-\theta_s)\left(\frac{1}{\gamma_i}+\frac{1}{\gamma_j}\right)}$
企业 i 自主减排量	$\dfrac{(a-c)(\rho_i+\rho_j)-3e}{2(\rho_i^2+\rho_j^2-\rho_i\rho_j)\gamma_i+3\left(\frac{\gamma_i}{\gamma_j}+1\right)}$	$\dfrac{(a-c)(\rho_i+\rho_j)-3e(1+\theta)}{2(\rho_i^2+\rho_j^2-\rho_i\rho_j)\gamma_i+3\left(\frac{\gamma_i}{\gamma_j}+1\right)}$	$\dfrac{1-\theta_s}{\gamma_i}\times\dfrac{(a-c)(\rho_i+\rho_j)-3e}{2(\rho_i^2+\rho_j^2-\rho_i\rho_j)+3(1+\theta_s)(1-\theta_s)\left(\frac{1}{\gamma_i}+\frac{1}{\gamma_j}\right)}$
碳价变化	—	$\Delta P_e=\dfrac{-3e\theta}{2(\rho_i^2+\rho_j^2-\rho_i\rho_j)+3\left(\frac{1}{\gamma_i}+\frac{1}{\gamma_j}\right)}$	$1-\dfrac{P'_\varepsilon}{P_e}=\dfrac{\theta_s^2\left(\frac{1}{\gamma_i}+\frac{1}{\gamma_j}\right)}{2(\rho_i^2+\rho_j^2-\rho_i\rho_j)+3\left(\frac{1}{\gamma_i}+\frac{1}{\gamma_j}\right)}$
行业产出变化	—	$\Delta Q=\dfrac{e\theta(\rho_i+\rho_j)}{2(\rho_i^2+\rho_j^2-\rho_i\rho_j)+3\left(\frac{1}{\gamma_i}+\frac{1}{\gamma_j}\right)}$	$1-\dfrac{\Delta Q_\varepsilon^*}{\Delta Q_e^*}=\dfrac{\theta_s^2\left(\frac{1}{\gamma_i}+\frac{1}{\gamma_j}\right)}{2(\rho_i^2+\rho_j^2-\rho_i\rho_j)+3\left(\frac{1}{\gamma_i}+\frac{1}{\gamma_j}\right)}$

业和 Z 企业 2013 年的碳排放强度数据进行分析（表4-3）。

表4-3　算例中部分参数假设

参　　数	企业 M	企业 Z
碳强度/tCO$_2$·t^{-1}	1.77	0.85
边际减排成本系数/元·tCO$_2^{-1}$	2	5
单位生产成本 c：1000 元/吨		
反需求函数 $P(q_m,q_z)=91000-(q_m+q_z)$		

　　碳配额总量 e 设定为在区间（30000,70000）之间变动，碳抵消上限 θ 设定为在区间（0.01,0.3）变动，采用 Matlab 将行业产出 Q 在三维空间中展现，结果如图4-6 所示。

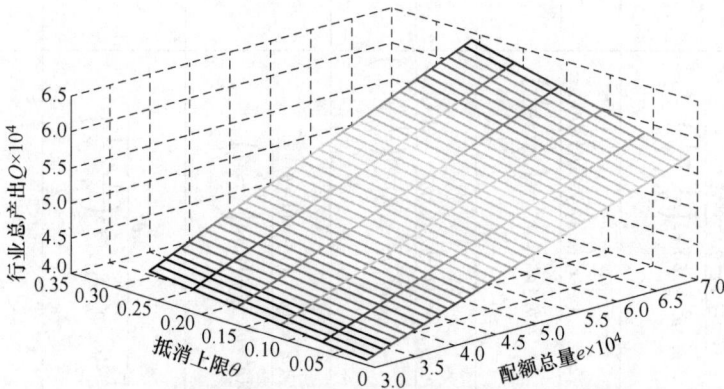

图 4-6　以配额为基准的抵消上限对行业总产量的影响

　　图4-6 中存在两个比较特殊的点，最低点上，碳配额总量极低，可使用的碳抵消额度上限也很低，导致均衡碳价非常高，企业难以承担，所以企业只得减少产品产量，来保证碳排放在额定范围内，此时，行业生产将受到重创，对于碳强度较高的企业来说，过高的减排成本会导致企业无法正常生产，最终被迫退出市场；而最高点上，碳配额总量很高，同时设置较高的可抵消额度上限，拉低碳价，碳交易对企业的减排约束作用进一步削弱，碳市场疲软。

　　配额总量一定时，可通过调节碳抵消上限，线性影响行业的总产出，因而，若碳配额总量过低威胁到行业的经济效益，可通过放松抵消上限，一定程度上冲淡行业产出的损失。当以配额总量为基准设计上限时，配额总量越大，对抵消上限 θ 的变化越敏感，配额总量较低时，θ 微小的调整都对行业产量产生较大影响；而当配额总量较小时，θ 变动对行业产出影响不明显，这也对我国政策设计提出启示，即当配额量设计过大，碳市场碳价较低，企业减排的积极性不高时，可以通过缩紧抵消上限，限制企业可使用的最大抵消量，提高碳价，激发企业减排和参与碳交易的积极性。

碳交易实践中，抵消制度是企业以低成本实现其减排责任的灵活方式。以区域温室气体行动计划（RGGI）为例，电力行业作为典型的能源密集产业，它被允许从电力部门之外的行业抵消有限的温室气体排放量，其中抵消项目包括：天然气处理终端效率，垃圾填埋气回收，森林再造，以及养殖场沼气捕获。

我国在建立统一碳市场的过程中，灵活运用碳抵消政策可以为企业提供更多样的减排目标实现手段，特别是对于二氧化碳排放量巨大的高耗能产业来说，如果碳配额总量的约束对行业产出的产生过大的影响，碳抵消制度则是非常好的调节措施，有效缓冲行业利益受到的损失。

4.5　结果讨论与建议

通过构建碳强度不同的双寡头博弈模型，并根据实际案例检验模型结果，回答了以下三个问题：

（1）碳配额约束下，企业生产和减排策略如何变化？

碳交易实施后，企业从政府得到一定量的免费配额，企业首先会通过设备升级改造等方式自主进行碳减排，当边际减排成本与碳价持平时，企业停止减排，转而从碳市场中购买配额，如果继续坚持自主减排，下一单位的二氧化碳减排量将高于市场碳价，无法实现利润最大化目标。

从生产策略方面来说，企业的最优产量与自身以及竞争对手的碳排放强度有关：相比竞争对手，当自身碳强度非常小，小于对手的一半时，企业甚至可以利用碳强度优势扩大产量；当企业之间碳强度差异不大时，相比碳配额约束前，产量都会有所下降，但碳强度较低的企业受到的影响较小。

（2）碳强度不同的企业相对竞争实力如何变化，以及碳交易前后双寡头在产品市场占有率方面有什么变化。

碳强度较高的企业对于碳配额约束带来的压力感知非常敏感，配额微弱的调整都对其产量有剧烈影响；碳强度较低的企业虽然也会受到影响，但无论是产量减少还是增加，波动都比较平缓。

碳强度较低的企业相比约束前在产品市场上具有更大的市场占有率，当配额总量越紧张时，碳竞争力所带来的优势效果越明显，碳强度方面的相对优势使企业敢于进一步扩大自己的生产规模，扩大自身在产品市场上的占有率，两者差距扩大。

（3）整个行业产出的变化趋势是什么，以及哪些因素影响行业产出的变化。

碳配额约束下，行业总产出受到一定的负面影响，产出减少量由行业整体碳排放强度决定，若整体碳排放强度较低，则行业产出方面受到的打击较小；若整体碳排放强度较高，整个行业的产出将受到比较沉重的挫伤。

模型与案例分析结果也为企业提供碳排放管理方面的启示：对于碳强度较大的企业来说，碳配额约束所带来的威胁十分严峻，一方面使其生产成本增加，另一方面其自身碳竞争力的缺失将进一步导致其在产品市场上竞争不足。因此，如果不考虑技术提升以改进能源利用效率以及减少排放，较高碳强度最终会将企业逼退出产品市场。所以，对于中国企业来说，在当前碳交易制度的试航阶段，企业必须停止观望态度，尽可能地通过设备升级改造，技术创新等方式降低自身的碳强度，也就是说，在碳配额约束下，提高能源效率不仅仅是一个口号或一个体现社会责任的行为，它成为企业强化自身碳竞争力至关重要的途径。为了最大化自身利润，企业具有内在驱动力提高能源效率，减少碳强度。较低的碳强度会使企业在碳配额约束下压力较小，保持产品产量较好，企业发展形势稳定。

碳配额约束使二氧化碳减排不仅仅是一种自愿的社会责任的体现，它使碳减排与企业的经济利益紧密相连。全国碳市场建立在即，配额分配方式主要以免费发放为主，对于企业来说是一个适应和了解碳交易的关键机会，循序渐进地提升自己的能源效率，减少碳排放强度，加强碳管理，是企业生产运作中需要慎重考虑的问题。

而从整个行业的产量来看，碳配额约束将在一定程度上对行业的整体产量有所影响，随着碳配额总量缩紧，行业的总产出减少，这给政策的制定提出了更高的要求：我国当前最迫切的任务仍然是经济发展，过紧的配额会对行业的产出造成严重影响，而过松的配额会使得碳市场疲软，碳交易体系难以发挥其应有的约束作用，如何在经济发展和减少排放之间寻求平衡，是相关政策制定者和学者们需要深刻考虑的问题之一。

碳抵消制度是作为碳交易体系中重要的调节手段，激励企业从其他行业、其他地区甚至其他国家，购买特定项目产生的核证减排量，为企业提供灵活的履约方式。碳抵消上限除了以配额总量为基准进行设计，还可以考虑以减排总量为基准设计，为了分析两种上限方案对企业生产运营和行业产出的影响，将两种抵消机制分别纳入双寡头模型，回答了以下三个问题：

（1）不同抵消机制设计方案对碳市场中的碳价造成怎样的影响？

抵消机制的引入一定程度降低市场碳价，但抵消上限的设计机制不同，影响程度也有差异，在以配额总量为基准设计抵消上限时，上限对碳价的影响体现为绝对量的减少；当以减排总量为基准设计抵消上限时，对碳价的影响体现为幅度比例变化。

（2）企业如何利用抵消机制应对碳配额约束？

碳抵消机制降低碳价，对由于碳配额约束造成产量降低的企业来说，企业生产过程中承受的碳成本减少，可以适当增加产量，弥补碳配额约束导致的损失；对于双寡头企业中碳强度较低，产量增加的企业来说，由于竞争对手参与碳抵消机制减缓了生产压力，自身产量的增加量减少，两者在产品市场占有率方面的差距变小。

相比碳价而言，参与抵消机制成本较低，在企业的抵消量未达到上限时，生产运营中首先考虑参与抵消项目，从政府规定和允许的项目中最大可能争取抵消量，达到可使用抵消上限后，再考虑碳配额购买。

（3）整个行业产出是否受到影响？

由于碳价降低，行业总产出方面的损失有所挽回，当配额总量较大时，行业总产量对抵消上限的反应越敏感，抵消上限的微小调整对产量的影响较大。

碳抵消机制的实施能够有效地缓解碳配额总量的限制对行业经济效益的冲击，但是同时也暴露出在实践过程中有可能产生的问题，如抵消额度的制定，如果太宽泛，会导致总排放额度的增加，使减排效果降低。碳配额数量的宽松会导致市场上缺乏买方需求，交易清淡。但是在碳排放交易试点初期，企业往往不太适应碳排放配额方面的约束，可能因成本问题增加抵制情绪。如果在收紧配额的同时，向企业提供灵活的抵消机制，有更大可能性双赢发展：既增加了碳排放配额市场上的买方需求，活跃了市场；又通过灵活的碳抵消机制帮助企业减少减排成本。

正是因为碳抵消制度存在两面性——一方面缓解对行业经济效益的冲击，一方面使减排效果降低，所以在实际操作中，碳抵消的上限往往不是一成不变的。在 RGGI 中，抵消额度的最大比例随着配额购买成本的变化而变化。最初，碳抵消比例仅允许占企业全部碳排放量的 3.3%。当碳价上涨至大于等于 7 美元/吨（调整至 2005 年美元价格）超过 12 个月时，碳抵消上限可以调整至 5%，即排放企业可以通过参与碳抵消机制，最多将自身全部碳排放量的 5% 抵消；当碳价大于等于 10 美元/吨（调整至 2005 年美元价格）时，抵消上限可以达到自身碳排放总量的 10%。

在碳抵消额度上限的制定问题方面，在借鉴国外先进经验的基础上，中国深圳的碳交易体系对其进行了一定的创新，规定排放主体被允许最多使用抵消产品抵消减排义务的 10%。同时，碳抵消机制是控制碳价在一定程度范围内波动的有效措施，比如，当碳价跌至地板价格时，允许使用的碳抵消比例将被下调来刺激碳市场的活跃性。

由于碳抵消政策是以项目为单位，所以可以突破行业和行政区域的限制，在一个地区受到碳排放约束的企业，可以从其他行业和地区购买核证减排量，因此可以成为连接各个行政区域碳交易机制的纽带，使得各个区域的碳交易体系不会各自为营，有助于推动建立全国统一的碳交易市场。

在碳交易制度和碳抵消机制的推进过程中，我国还应重视碳汇量的核算问题，碳汇储量的准确核算涉及碳信用的提供方有多少碳汇可以出售，所以在我国温室气体减排的推进过程中，企业信息的披露、碳汇量的核算、企业 CO_2 排放的准确核算仍然是迫切需要解决的问题。

4.6 本章小结

碳配额约束改变企业的生产运作及减排策略，本章通过建立不同碳排放强度的双寡头博弈模型，揭示了碳配额约束下碳强度竞争力对企业产量、市场占有率和行业整体产出方面造成的影响，并通过调研京津冀碳交易实践中，得到铝型材加工企业的具体碳排放数据用以对模型结果进行验证，结合与北京碳交易所及相关机构进行的访谈，为企业生产决策提供思路，并对国家配额总量制定方面提供参考。

碳抵消机制是碳交易体系中非常重要的一部分，对平衡碳价和产业产出起到重要作用，考虑到我国相关研究中对碳抵消定量研究的缺失，本章分别以配额总量为基准和减排总量为基准设计不同的抵消量使用上限，建立双寡头模型，分析碳抵消机制的引入对市场碳价和行业产出的影响。延续第 4.3 节中的案例，本研究引入北京碳交易体系中的碳抵消机制上限设计方案，对模型结果进行验证。结果显示，碳抵消机制的引入都在一定程度上降低了均衡碳价，并缓解了碳排放约束给企业造成的生产损失，只是影响机制和程度不同。在碳交易具体实践中，当配额总量确定时，可通过调节抵消上限调节保护产业发展或增强市场活跃性。

5 碳配额约束下供应链
上下游合作模式研究

5.1 碳配额约束对上下游企业合作模式的影响研究

5.1.1 问题界定及 Stackelberg 动态博弈基本假设

本研究将碳配额约束给企业带来的成本增加分为直接成本增加与间接成本增加，直接成本的增加来自以价格 P_e 购买碳配额的成本，在本节中，假定碳价外升（Bristow et al.，2010），即单个企业对碳价的波动不具有决定作用；间接成本增加来自原材料价格上涨。上游供应商具有自己产品的定价权，并以自身利润最大化为目标制定产品价格；下游制造企业考虑原材料价格成本进行生产，以利润最大化为目标决定最优产量。在 Stackelberg 动态博弈模型中，供应商作为先行者 l 对产品定价，制造商作为跟随者 f 在先行者制定的原材料价格下进行生产。参考杨尊信（2008）的研究，假设供应商 l 的产出成本与制造商 f 的产出成本都是遵循边际线性递增的凸函数：

$$
\begin{cases}
C_l = m_l q_l^2 + c_l = m_l \eta^2 q_f^2 + c_l \, (m_l > 0, c_l > 0) \\
C_{fi} = m_f q_{fi}^2 + c_f \, (m_f > 0, c_f > 0)
\end{cases}
\tag{5-1}
$$

式中，c_l，c_f 为常数，分别为供应商和制造商空载运行成本及固定成本。成本函数设定为凸是考虑到供应商和制造商在生产过程中，随着产量增加，机器设备的负荷与损耗会增加，单位生产成本也会随之增加。

作为先行者的供应商 l 有原材料产品定价权，根据自身的成本情况 C_l，以最大化自身利润 π_l 为目标决定原材料价格 p_l，而作为跟随者的下游制造商 f 在观察到供应商 l 的定价行为后，根据该价格 p_l 及其自身成本情况 C_f，以最大化其自身利润 π_f 为目标决定其最优产量 q_f。设碳配额约束前为 A_0 情形，该情况下两企业的利润函数形式分别为：

$$
\begin{cases}
\pi_l[p_l, q_f(p_l)] = \eta q_f(p_l)[p_l - m_1 \eta q_f(p_l)] - c_l \\
\pi_f[p_l, q_f(p_l)] = q_f(p_l)[p_f - \eta p_l - m_2 q_f(p_l)] - c_f
\end{cases}
\tag{5-2}
$$

式中，p_f 为制造商 f 所生产的单位产品的价格；η 为制造商每单位产品在生产过程中需要用到原材料的量。

碳交易实施后，将供应商和制造商均具有碳配额约束设定为 A_1 情形，上游

供应商 l 为垄断企业，将部分增加的成本转移到产品中使价格提升，下游制造商处于竞争型市场中，不因碳成本产生而提高产品价格，即制造商保持产品价格不变。

同时，假定政府分别根据上游和下游所在行业的总体减排规划和以往碳排放情况制定两行业的排放总量标准，免费发放给上下游企业的配额量分别为 e_l 和 e_f，且有 $e_l = \theta_l \rho_l q_l$ 和 $e_f = \theta_f \rho_f q_f$，其中 ρ_l 和 ρ_f 分别为供应商 l 和制造商 f 的碳排放强度系数，θ_l 和 θ_f 分别为供应商、制造商免费配额量占排放总量的比值，假定当年发放的配额仅限当年使用。

此时，制造商将根据新的原材料价格、碳价和增加的减排成本平衡生产量和减排量，两企业的利润分别变为：

$$\begin{cases} \pi_l = \eta q_f(p_l, p_e)[p_l - m_l \eta q_f(p_l, p_e)] - c_l - p_e[\rho_l \eta q_f(p_l, p_e) - e_l] \\ \pi_f = q_f(p_l, p_e)[p_f - \eta p_l - m_f q_f(p_l, p_e)] - c_f - p_e[\rho_f q_f(p_l, p_e) - e_f] \end{cases} \tag{5-3}$$

首先计算 A_0 情形，即不存在碳交易制度时，供应链上下游企业博弈的非合作解；进而考虑 A_1 情形下，上游供应商将一部分碳成本的增加转嫁到产品中时，上下游企业分别在等价策略和生产策略方面的变化，特别对于下游企业的利润变化构成进行分解，分析可能的应对策略。

5.1.2　不存在碳交易制度（A_0）时上下游企业博弈的非合作解

在 Stackelberg 动态博弈过程中，第一阶段，供应商 l 选择 p_l 以最大化 $\pi_l(p_l, q_f^*(p_l))$；在第二阶段，制造商选择最优的 $q_f^*(p_l)$ 以最大化利润函数：

$$\pi_l[p_l, q_f(p_l)] = q_f(p_l)[p_f - \eta p_l - m_2 q_f(p_l)] - c_f \tag{5-4}$$

由最优化一阶条件得：

$$q_f^*(p_l) = \frac{1}{2m_f}(p_f - \eta p_l) \tag{5-5}$$

式（5-5）体现下游制造商最优产量与原材料价格 p_l 的关系。在第一阶段，由于供应商 l 可以预料到制造商 f 的生产策略，该策略影响对原材料的需求，供应商目标为选择最优的 p_l^* 以最大化利润，故将下游企业产量代入供应商利润函数，得到：

$$\pi_l[p_l, q_f^*(p_l)] = \frac{1}{2m_f}(\eta p_f - \eta^2 p_l)\left[\left(1 + \frac{m_l}{2m_f}\eta^2\right)p_l - \frac{m_l}{2m_f}\eta p_f\right] - c_l \tag{5-6}$$

此时，由最优化一阶条件得：

$$p_l^* = \frac{m_f + m_l \eta^2}{\eta(2m_f + m_l \eta^2)}p_f \tag{5-7}$$

式（5-7）为 A_0 情形下，上游供应商的定价策略，结合式（5-7）和式（5-5），得制造商最优生产量为：

$$q_f^*(p_l^*) = \frac{1}{2(2m_f + m_l\eta^2)}p_f \tag{5-8}$$

此时，两企业的利润分别为：

$$\begin{cases} \pi_l[p_l^*, q_f^*(p_l^*)] = \dfrac{1}{4(2m_f + m_l\eta^2)}p_f^2 - c_l \\ \pi_f[p_l^*, q_f^*(p_l^*)] = \dfrac{m_f}{4(2m_f + m_l\eta^2)^2}p_f^2 - c_f \end{cases} \tag{5-9}$$

5.1.3 上下游企业均参与碳交易（A_1）时上下游企业博弈的非合作解

供应商和制造商同时具有碳配额约束时，垄断型供应商将部分增加的碳成本转移到产品中，导致制造商生产所需原材料的价格提升为 p_l'，类似 A_0 情形分析过程：在第二阶段，制造商兼顾 p_l' 和碳价 p_e，以最大化自身利润为目标，选择最优产量 $q_f(p_l', p_e)$：

$$q_f^*(p_l', p_e) = \frac{p_f - \eta p_l' - p_e(1-\theta_f)\rho_f}{2m_f} \tag{5-10}$$

供应商 l 预估到制造商 f 的该策略，选择最优的 $p_l'^*$ 以最大化利润函数，可得：

$$p_l'^* = p_l^* + \frac{m_f\eta\rho_l(1-\theta_l) - (m_f + m_l\eta^2)\rho_f(1-f)}{\eta(2m_f + m_l\eta^2)}p_e \tag{5-11}$$

通过式（5-11）发现，在制造商最终产品价格保持不变时，为获得最大利润，供应商在衡量如何对自己的产品进行定价、是否提价以及提价空间方面不仅需要考虑自身的生产能力 m_l、碳排放系数 ρ_l，还需考虑下游制造企业的生产能力 m_f、碳排放系数 ρ_f，以及制造商生产单位产品的原材料消耗 η 以及碳价 p_e 等因素。

值得注意的是，与直观判断和常识性推理不同，参与碳交易的上游供应商并非一定提高自身产品价格，当 $\dfrac{\rho_l}{\rho_f} \leqslant \dfrac{(m_f + m_l\eta^2)(1-\theta_f)}{m_f\eta(1-\theta_l)}$ 时，反而有 $p_l'^* < p_l^*$，即碳约束下，当供应商与制造商的碳排放强度系数小于一定阈值时，供应商对产品定价不但没有因为碳成本的增加提高，反而采取降价策略。原因是，当下游制造商碳强度极高时，碳配额约束会导致其生产能力大幅下降，导致对原材料的需求急剧减少，过少的需求量影响上游供应商的利润，此时上游供应商出于自身利益最大化考虑，为了保证自身产品销量有下游制造商的需求作支持，不得不适当降低产品价格；而当 $\dfrac{\rho_l}{\rho_f} > \dfrac{(m_f + m_l\eta^2)(1-\theta_f)}{m_f\eta(1-\theta_l)}$ 时，供应商与制造商的碳排放强度系数之比大于该阈值，为获得最大收益，供应商选择适当地对产品进行提价，价格增加量为：

$$\Delta p_l = \frac{m_f \eta (1 - \theta_l) - (m_f + m_l \eta^2) \rho_f (1 - \theta_f)}{\eta (2m_f + m_l \eta^2)} p_e \tag{5-12}$$

此时，对于制造商来说，成本的增加来自碳价的存在和提升的原材料价格，单位生产成本增加量为：

$$\Delta c_f = p_e \rho_f (1 - \theta_f) + \frac{p_e^2}{2q_f} + \eta \Delta p_l \tag{5-13}$$

由于 $p_l'^* = p_l^* + \Delta p_l$，对比 $q_f^*(p_l', p_e)$ 与 $q_f^*(p_l, p_e)$ 可以发现企业最优产量的变化为：

$$q_f^*(p_l', p_e) = \frac{p_f - p_e [\rho_f (1 - \theta_f) + \eta \rho_l (1 - \theta_l)]}{2(2m_f + m_l \eta^2)} \tag{5-14}$$

可见相对于 A_0 情况，产量的减少量为：

$$\Delta q_f = \frac{p_e [\rho_f (1 - \theta_f) + \eta \rho_l (1 - \theta_l)]}{2(2m_2 + m_l \eta^2)} \tag{5-15}$$

该式恒为正值，表明在面临碳配额约束和原材料价格上涨的双重压力下，为获得最大利润，制造商需相应减少产量，该减少量与上游供应商的碳排放系数 ρ_l 和下游制造商的碳排放系数 ρ_f 相关。对制造商来说，通过改造技术，采用节能减排的设备或者生产工艺，降低自己产品的碳排放系数 ρ_f，或选择碳排放系数 ρ_l 较低的上游制造商，一定程度上都可以对碳配额约束导致的产品产出损失有缓冲作用。此时，制造商的利润为：

$$\pi_f' = \pi_f - \eta q_f^*(p_l^*) \Delta p_l' - \Delta q_f' p_f - p_e [\rho_f q_f^*(p_l', p_e) - e_f] + \Delta q_f'(p_f - p_e \rho_f)$$
$$\tag{5-16}$$

相比 A_0 情形，下游制造商的利润结构发生变化，式中第二项 $-\eta q_f^*(p_l^*) \Delta p_l'$ 可以视为由于供应商原材料价格上涨造成的利润损失，即碳配额约束带来的间接成本增加导致的利润减少；第三项 $-\Delta q_f' p_f$ 可以视为由于制造商产品产量减少导致的利润减少；第四项 $-p_e [\rho_f q_f^*(p_l', p_e) - e_f]$ 是由于碳价存在导致的成本增加，进而导致利润减少，即碳配额约束引起直接成本增加所导致的利润减少，需要注意的是，对于企业来说，这一项并非恒为利润减少项，当企业免费获得的碳配额多于生产过程中企业实际排放时，企业可以通过出售自己剩余的碳配额获利，该项转化为利润增加项。企业降低净排放量的途径包括第 4 章所讨论的自主减排方式，和通过设备升级改造、提高能源效率途径降低碳排放强度等，也可利用第 4 章所述的碳抵消方式，部分抵消自己的碳排放量。中国目前开放的七个碳交易试点和即将建立的全国碳交易体系基本都以免费发放部分配额为主，企业可以抓住时机积极减排，进行减排投资，参与碳交易后提高获利可能性。第五项 $+\Delta q_f'$ $(p_f - p_e \rho_f)$ 可以视为产品价格与碳价的相互关系对利润的影响，当 $p_f < p_e \rho_f$ 时，制造商的产品价格低于单位产品需要支付的碳成本，此时该项为负，意味着制造商

利润减少，说明对于某些行业来说（如光伏产业），在具有碳配额约束的情况下，竞争中的恶意竞价造成过低的 p_f 只会使利润进一步减少，若下游制造商能尽可能降低碳强度系数 ρ_f，则可以有效缓解对利润的打击。

下游制造商的碳排放系数 ρ_f 不但会影响自身产量的变动，还将影响与上游供应商之间的合作关系。如前文分析，当制造商碳强度极高时，碳配额约束会导致其生产能力大幅下跌，对上游产品的需求急剧减少，为了挽救由于销量减少导致的利润损失，供应商选择降价策略保证自身产品的销量有下游厂商的需求作支持。但现实中更可能发生的情况为，上游的寡头供应商将更换自己的合作伙伴，与生产过程中碳强度系数更低的制造商合作，一方面保证自身产品的销量稳定，另一方面产品将有更大的提价空间，从而获得更大利润。对制造商而言，以碳强度为衡量标准，是一个优胜劣汰的过程。从上下游合作关系来说，原有合作被打破，通过选择更加低碳的合作伙伴，上下游合作关系向更加低碳的方向发展。

5.1.4　碳配额约束下供应链上下游企业博弈模型的数值验证

本节对碳配额约束下企业与其外围关系变化进行建模分析，通过 Stackelberg 动态模型的建立和求解，揭示了碳约束导致的间接成本对产品上下游企业供应关系的影响。为了更形象地展示模型应用结果，且由于企业实际数据获得的困难性，本节设计数值算例，分析在碳约束导致的间接成本作用下上游供应商定价策略的变化，以及下游供应商最优产量的变化。

假设下游企业为产品制造商，其生产成本曲线设为 $C_f = 0.5q_f^2 + 1000$（杨尊信，2008）；上游供应商生产成本遵循函数 $C_l = 0.1q_l^2 + 3000$。上游供应商及下游制造商的其他部分参数见表 5-1。

表 5-1　上游供应商及下游制造商相关参数

参　　数	下游制造商	上游供应商
碳强度	$\rho_f = 1.5$	$\rho_l = 1.2$
生产成本曲线	$C_f = 0.5q_f^2 + 1000$	$C_l = 0.1q_l^2 + 3000$
碳价	$P_e = 50$	

企业碳强度值参照 Abdallah et al.（2012）的研究设定下游制造商碳强度为 1.5tCO$_2$/单位产品，上游供应商碳强度为 1.2tCO$_2$/单位产品。根据中国七大碳交易试点的数据，当前国内碳价在 20~80 元/吨之间浮动，因而假设碳价为 50 元/吨，下游生产一单位的下游产品需要消费一单位的上游产品，即 $\eta = 1$。为便于对结果进行分析描述，以 δ_f 代表 $\rho_f(1 - \theta_f)$，δ_l 代表 $\rho_l(1 - \theta_l)$，δ_f 和 δ_l 可以理解

为产品平均配额购买成本，即每单位产品产生的二氧化碳排放量减去分配到该单位产品的免费配额量。当免费发放的配额比例 θ_l 和 θ_f 在 $(0,1)$ 区间变化时，δ_f 的变化区间在 $(0,1.5)$、δ_l 的变化区间在 $(0,1)$ 范围内，单位为 tCO_2/单位产品。

对数值算例进行计算，下游供应商产量的减少量显示在图 5-1 中：下游制造商产量的减少来自两个方面，其一是由于增加的碳成本导致的产量减少，其二是由于上游产品涨价而引起的产量减少。

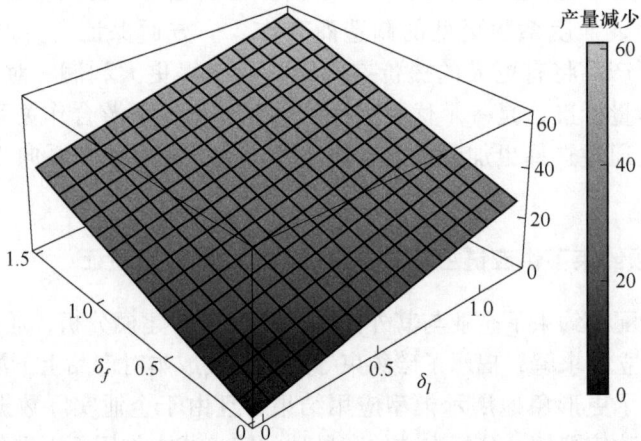

图 5-1   供应链上下游企业同时具有碳配额约束时下游企业产量的减少量

图 5-1 中 $\delta_l = 0$ 所代表的线意味着 θ_l 为 1，此时供应商生产产生的全部碳排放被免费配额覆盖，即只有下游制造商参与碳交易，而供应商不参与的情形，此时制造商产量减少完全由于支付碳配额导致，是碳交易造成的直接成本影响。$\delta_f = 0$ 所代表的线是指只有上游供应商参与碳交易，而下游制造商不参与的情形，此时供应商将全部碳成本转移到产品中，下游制造商原材料成本提高，产量减少，是碳交易造成的间接成本影响。两条线中间的平面体现为下游制造商面临直接和间接两方面成本压力时，产量减少趋势，上游企业的碳强度和配额量一定时，δ_f 越大，企业产量损失越大，由于 $\delta_f = \rho_f(1 - \theta_f)$，可以通过降低碳排放强度或获得更多免费配额减少 δ_f；当下游企业的碳强度和配额量一定时，上游供应商的 δ_l 越大，下游产量损失越大。因此在碳配额约束下，不但上游供应商会选择更低碳的下游合作伙伴，在可选范围内，下游制造商也会选择更加低碳的上游供应商。

上游供应商产品的最优价格变化显示在图 5-2 中，图中 A 点供应商提价空间最大，此时仅供应商参与碳交易，下游制造商没有碳配额购买压力，产品产量的减少仅由原材料成本增加导致。随着下游制造商参与到碳交易体系中，下游制造

商 δ_f 增加，供应商产品的提价空间缩小，当下游制造商碳强度超过一定比值时，上游供应商不再对产品实行涨价策略，而不得不在一定程度上降低产品价格来维持较高的产品需求并最大化收益。这也意味着，作为上游供应商，更偏爱碳强度较低的下游制造商作为合作伙伴，与之合作则没有必要降低产品价格来挽救快速下降的产品需求。碳交易的实施打破了原有的供应链关系，刺激新的、更加低碳的供应链形成。

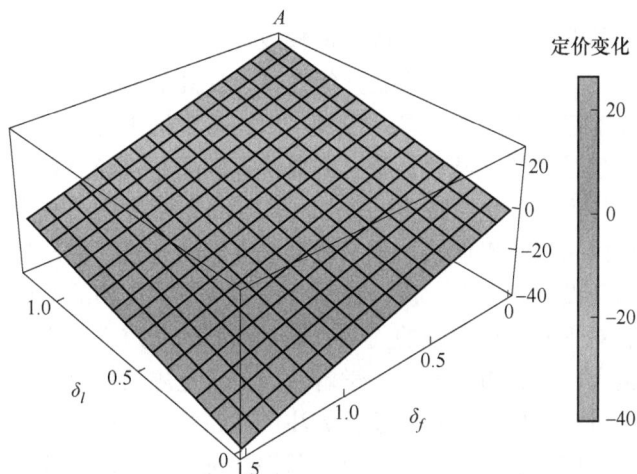

图 5-2　供应链上下游企业同时具有碳配额约束时上游产品价格变化

5.2　低碳供应链优化配置研究

5.2.1　问题识别

在日益激烈的市场竞争环境下，企业若想获得长期竞争优势，与其竞争对手的较量不仅存在于自身的生产和运营能力，更存在于供应链管理的水平和效率上。有效的供应链管理可以帮助企业降低成本，增加利润甚至提高消费者满意度（Hamdan，Cheaitou，2017）。采购是供应链管理中最基本但最重要的环节之一。其中，企业为聚焦于核心竞争力的发展，往往会将部分原材料、零部件或服务外包给供应商，因而在各种采购流程中，供应商选择已经成为发展竞争性供应链的关键战略决策（Azadnia et al.，2015）。此外，高昂的采购成本使企业选择供应商时通常较为谨慎，且倾向于与较少的供应商建立较长期合作关系（Kellner et al.，2019）。所以，选择合适的供应商在提高最终产品质量，提高业务持续性和维护公司战略竞争地位方面发挥着至关重要的作用。

　　传统理论观点认为，供应商选择的决定受到各种有形和无形标准的影响，例如价格、质量、交货时间和技术能力等（Onut et al.，2009；Friedl et al.，2012）。随着公众越来越关注企业运营过程中暴露的环境污染、资源枯竭、财富不平等和企业社会责任等问题，企业管理者不仅要关注运营和产品的经济方面影响，还要关注环境和社会方面的影响（Seuring，2013）。同时，也由于国际社会对气候变化危机日益关注，低碳供应商选择问题已成为从业者和学者不断关注的热门话题。

　　碳排放权交易背景下，二氧化碳排放权成为一种可交易的商品对企业的运营策略造成影响，企业可通过技术设备升级改造、提高能源效率等措施将实际碳排放量控制在免费配额额度之内，多余配额可以在碳市场进行出售，从而获利；反之，当实际排放超过免费配额后，企业需要购买碳配额以确保总排放量不超过拥有的配额数量，导致企业生产成本的增加。ETS 为企业提供了减少温室气体的经济方法。企业可以选择投资低碳技术来减少温室气体排放，或选择购买配额来弥补其排放量超出免费配额。即，碳价格波动会造成成本结构的变化。

　　随着消费者对气候变化问题的关注，低碳产品的呼声也随之增加。为了满足消费者的绿色需求，扩大市场份额，学者们提出碳足迹的概念，它要求企业不仅要关注自身生产过程的低碳运作，还要关注产品在整个生命周期的低碳性能。从这个角度来看，供应商在生产原材料或零部件的过程中所产生的碳排放，即原材料隐含碳排放，会影响产品的碳足迹，也就是对制造企业的排放造成影响。

　　因此，碳交易背景下，如何选择最佳供应商成为一个更复杂的问题。供应商的低碳能力有其特殊性。对于制造企业而言，一方面，供应商的低碳绩效可被视为环境维度的标准之一；另一方面，由于碳交易的实施，供应商选择和订单分配的决策对公司的排放产生影响，这将进一步影响其成本结构和利润。因此，供应商的低碳能力可以转移到可量化的经济指标。

　　可以认为，碳交易体系下的低碳供应商选择问题存在两个挑战。第一个挑战是如何将这个问题涉及的有形和无形指标结合起来。一些研究人员使用层次分析法（AHP）或分析网络过程（ANP）来解决无形指标的量化问题。然而，这些类型的方法只能根据对备选方案的综合表现对方案进行排序，未能优化供应商之间的订单分配，也无法准确衡量低碳供应商对制造企业成本和利润的影响。第二个挑战在于如何平衡与原材料中隐含碳成本和其他成本之间的关系。这方面，数学规划方法是分析供应商选择和订单分配方案导致的成本变化的常用工具，然而其不能考虑到传统的、无形的供应商选择指标。

　　为了应对上述挑战，本部分根据先评价后优化的思路，结合 ANP 方法和整数线性规划，提出一个 ANP-ILP 模型来解决碳交易体系下供应商选择和订单分配问题。研究过程中，供应商提供的原材料中的隐含碳排放强度也被考虑在内。首先，构建了供应商软实力评价指标体系，体系中包括选择供应商过程中不可忽视的重要无形指标。这里应用 ANP 方法来获得每个供应商的软实力指数，然后将其用作 ILP 模型的约束之一，以进行供应商之间的订单分配。通过这种方式，在进行低碳供应商选择决策时，不仅可以兼顾有形指标和无形指标，还可以清楚地测量由不同决策导致的成本结构变化，从而可以在碳配额约束下以成本最小化为目标确定最优的订单分配方案。

5.2.2　供应商选择问题的相关研究方法

现有文献基于多种方法对低碳供应商选择问题进行了研究，主要包括数据包络分析（DEA）、数学规划、基于 AHP/ANP 的方法、模糊集理论及各种方法之间的组合模型。每种方法都有自己的优缺点（Ho et al., 2010；Chai et al., 2013）。

5.2.2.1　应用数学规划方法解决供应商选择问题

早期研究采用线性规划（LP）、非线性规划（NLP）和混合整数规划（MIP）等模型从经济和成本角度考虑供应商选择问题。例如，Hong et al. (2005) 的研究采用混合整数线性规划模型，通过考虑供应商供应能力和客户需求在一段时间内的变化来选择最佳供应商，其目标是最大化公司的收入和客户的满意度。基于多目标规划模型，Wadhwa，Ravindran (2007) 选择具有最低价格、交付周期和拒绝率的供应商。

在低碳发展的背景下，企业考虑整个供应链的碳足迹的减少。数学规划方法被广泛用于供应链的设计和优化，因为它在平衡经济效益和环境成本之间的关系方面具有独特的优势。一些研究在低碳供应链的优化配置中考虑供应商的选择。如 Nouira et al. (2016) 在低碳供应链网络的优化过程中，分析了碳减排需求对设施选址、供应商选择、生产技术选择和运输模式选择决策的影响。Zouadi et al. (2018) 使用 MIP 研究低碳背景的混合制造/再制造批量和供应商选择问题。

数学规划方法可以准确地衡量经济效益和碳成本之间的关系。它不仅可以选择最佳供应商，还可以在成本最小或收益最大的目标下确定供应商之间最优的订单分配方案。使用数学规划方法解决供应商选择问题的实质是将环境要求转化为经济目标。然而，供应商选择决策不能仅从经济角度来衡量，特别是在可持续发展背景下，一些传统的、不可忽视的、无法量化的因素也必须考虑在内，例如长期合作关系、服务水平、品牌和员工福利。

5.2.2.2　基于 AHP/ANP 方法的供应商选择研究

为了从更全面的角度选择最优供应商，AHP/ANP 方法被学者们广泛使用。AHP 基于人的判断、感受、记忆、经验和其他因素做出决定，是人类大脑偏好的自然反应，因而可以对无形指标或定性因素进行衡量、评估和排列。然而，

AHP 的基本假设要求这些因素之间相互独立，往往与实际情况不符。为解决这一问题，Saaty（1988）进一步提出 ANP 模型用于多准则决策问题，应对和处理因素之间的依赖性和反馈关系。ANP 方法可以更好地捕获人们对非线性思维的经验和知识。如上所述，供应商选择过程通常涉及大量定性因素，这些因素并非完全独立。例如，供应商的服务水平不可避免地影响其与下游公司之间的长期合作关系。因此，ANP 是解决低碳/绿色/可持续供应商问题的有力决策方法。

在 AHP/ANP 方法的基础之上，学者们结合其他理论或模型来提高决策的准确性。Hashemi et al.（2015）使用 ANP 和改进的灰色关联分析（GRA）方法来对绿色供应商各方面准则商的表现进行衡量和排名。Awasthi et al.（2018）提出了一个基于模糊 AHP-VIKOR 方法的框架，用于可持续供应商选择。基于 AHP 方法，Torres-Ruiz，Ravindran（2018）通过考虑经济、环境和社会风险来评估供应商的可持续性风险。通过结合 AHP 和 TOPSIS 方法，Azimifard et al.（2018）和 Jain et al.（2018）分别解决伊朗钢铁业和印度汽车公司的供应商选择问题。Govindan et al.（2018）基于企业社会责任实践，应用 ANP 方法选择最佳供应商。

基于 AHP/ANP 的方法处理定量和定性因素方面具有独特的优势。但是，它只能给出供应商各方面表现的综合排名，却无法确定供应商之间的订单分配方案。对于具有碳配额约束的企业来说，这一点往往尤其重要，因为每个供应商的订单数量将直接影响到原材料中的隐含碳排放，进而影响企业的成本构成。

5.2.2.3　AHP/ANP 方法与数学规划模型的结合应用于供应商选择问题

一些学者尝试将 AHP/ANP 模型和数学规划方法结合起来，一方面进行最优的供应商决策，另一方面平衡经济收益和环境成本之间的关系，进行最优的订单分配。Xia，Wu（2007）提出了 AHP 和多目标 MIP 的综合方法来确定供应商数量和订单数量；Kumar et al.（2017）应用模糊 AHP 和模糊多目标 LP 模型来分配可持续供应链中的订单；Hamdan，Cheaitou（2017）使用 AHP 和双目标整数线性规划进行订单分配问题。

将 ANP 和数学规划模型结合起来，不仅考虑无形标准选择最佳供应商，还可以从经济角度优化订单分配，这为本研究的开展提供了很好的参考，然而，这类研究更多地关注传统的供应链设计而不涉及低碳原则，而且更少关注原材料中的隐含碳排放。

5.2.3　供应商选择问题的相关指标

5.2.3.1　经济维度指标

无论是使用基于 AHP/ANP 的方法还是使用数学规划模型，经济维度的指标都是供应商选择决策中必须考虑的问题。Hashemi et al.（2015）的研究总结了供应商选择在经济维度需要考虑各种指标，主要包括成本、质量、交期、技术、灵活性、文化、创新和合作关系方面等。在数学规划模型中，经济指标通常反映为成本最小化或收益最大化。成本的构成较复杂，包括采购成本、运输成本、交易成本，库存成本等。在低碳发展背景下，碳成本也被部分学者纳入考虑。当使用数学规划方法进行供应商选择决策时，经济维度的标准通常由定量数据描述。

基于 AHP/ANP 的方法具有衡量和评估无形指标的优势，因此使得决策过程更加灵活，经济维度的指标更加多样化。现有文献中，质量方面相关的指标通常包括产品的批次拒绝率、质量认证、纠正和预防质量问题的能力等（Feyzioglu et al.，2009；Lee et al.，2009；Govindan et al.，2013）。交期方面的指标通常包括准时交货率、交付可靠性、等待时间等（Roshandel et al.，2013；Jain et al.，2018；Guarnieri et al.，2019；Kellner et al.，2019）。技术指标反映为当前的制造能力、研发能力等因素（Roshandel et al.，2013；Sivakumar et al.，2015；Luthra et al.，2017；Kellner et al.，2019）。

5.2.3.2 环境维度指标

随着消费者环保意识的提高，环境维度方面的指标逐渐成为供应商选择中不可忽视的一部分。碳成本、资源消耗和能源消耗等一些环境指标在一定程度上可以被量化并用于数学规划模型。还有一些定性指标，如供应商的低碳形象（Roshandel et al.，2013；Mani et al.，2014；Govindan et al.，2018），供应商的环境管理系统（Lee et al.，2009），对工作人员节能环保方面的培训（Azimifard et al.，2018；Kellner et al.，2019）等也被学者们考虑，并通过基于 AHP/ANP 的方法进行评估。

5.2.3.3 社会维度指标

作为可持续发展的三个最重要的维度之一，企业对社会的影响越来越受到政府和消费者的关注。许多企业，特别是大企业，格外重视其在社会层面的成就和影响，在制定决策时通常也会考虑到其供应商在社会影响方面的表现。在目前的研究中，社会标准通常表现为社会影响力、教育和职业培训计划、是否公开披露企业社会责任（Azimifard et al.，2018；Govindan et al.，2018；Kellner et al.，2019）、员工健康和安全保障（Mani et al.，2014）等。

5.2.4 碳交易背景下供应商选择和订单分配问题的 ANP-ILP 模型构建

本研究中的案例企业是一家国际大型电子设备制造商，主要产品包括手机、电脑、智能手表等。其主要制造工厂、原材料和零部件供应商均位于中国。由于长期致力于低碳发展，该公司提出了零碳排放计划，该计划对供应商也提出了减少零部件中隐含碳排放的要求。在本研究中以其计算机产品作为需要进行低碳供应商选择的具体应用。由于计算机组装制造过程的复杂性以及其原材料和零部件的多样性，为简化研究问题，本研究仅考虑针对 LCD 屏幕一种零部件来进行供应商选择。该电子企业在成都市和长沙市设有两家组装制造工厂，三家供应商分别来自北京市、无锡市和深圳市。由于对企业的保密性协议，本研究仅用所在城市代表供应商和制造商的名字。该电子企业在碳交易体系下，面临着两个组装工厂从三个供应商中进行低碳供应商选择和订单分配，并需要考虑供应商所提供的零部件中的隐含碳排放。

本研究提出 ANP-ILP 模型，结合 ANP 方法和整数线性规划模型的优势，按照先评价后优化的思路进行供应商选择。首先应用 ANP 方法对供应商的软实力进行评估，包括其在质量、交期与服务、业务可持续性和社会影响方面的表现。然后将评估结果作为约束条件之一集成到 ILP 模型中，以成本最小化为目标进行订单分配优化决策。一方面，这种方法弥补了 AHP/ANP 方法只能选择最佳供应商但不能解决订单分配问题的缺陷；另一方面，它可以通过平衡经济成本和碳成本，进行供应商之间的订单分配，同时不牺牲传统供应商软实力标准的考虑。

5.2.4.1　基于 ANP 的供应商软实力综合评价

在本节中，供应商的软实力被定义为其无法从经济角度衡量的各项指标综合表现。评估供应商的软实力涉及有形和无形指标。需要说明的是，供应商的低碳绩效包含在供应商的软实力中。在碳交易下，购买或出售碳配额将影响企业的总成本，因此供应商的低碳绩效必须从软实力中剔除，而被整合到 ILP 模型中。同时，软实力的各种指标之间可能存在许多依赖和反馈关系，由于 ANP 方法在解决上述问题中独特的优势，因而适用于供应商的软实力的。

Saaty 的书中详细解释了 ANP 方法，因此由于空间限制，本节不会引入该方法的复杂性。ANP 方法一般可分为以下四个步骤：

（1）指标选择和模型构建。

（2）两两比较和一致性检验。

（3）超矩阵构造。

（4）备选方案评价。

本研究基于大量的、详细的文献分析，收集和总结了供应商软实力评价标准，并结合与案例公司采购部门管理人员的深入访谈，对评价指标体系进行改进，使其更接近实际状态。最终供应商软实力评价指标体系如表 5-2 所示。该体系中，质量维度中的"可追溯系统""检验技术和能力"和"补救措施"，交期与服务维度中的"对主生产计划变动的响应"和"新产品落实能力"是受访经理们经讨论决定的，现实中必须考虑，但现有文献中欠缺的指标。

对指标间重要性的评价和供应商在各指标方面的表现由三位采购经理进行，ANP 模型的计算由 Super Decision 软件进行，最终形成每个供应商软实力竞争指数 λ_s。

表 5-2 低碳供应商软实力综合评价指标体系

维　度	指　标
质量	批量产品拒绝率（Q1）
	质量管理系统与质量认证（Q2）
	处理非常规质量的能力（Q3）
	产品追溯系统（Q4）
	检验技术和能力（Q5）
	补救措施（Q6）
交期与服务	交货准时（DS1）
	售后服务（DS2）
	对特殊要求的响应（DS3）
	对主生产计划变动的响应（DS4）
	新产品落实能力（DS5）
业务可持续性	当前技术水平（BC1）
	研发能力（BC2）
	长期合作潜力（BC3）
	对政府政策的响应（BC4）
	明晰、科学的组织架构（BC5）
	员工的学习和发展机会（BC6）
社会影响	企业环境和社会责任披露（SI1）
	对教育和职业培训的支持（SI2）
	员工安全和健康保障（SI3）
	劳动法等相关法律遵守情况（SI4）

5.2.4.2　供应商订单分配方案的 ILP 模型

碳交易体系下制造商面临着越来越多的碳减排压力。同时，考虑到消费者日益增强的环保意识和对低碳产品的需求，制造商更加关注供应商的低碳表现。因此，为减少生产过程中的碳排放，供应商着手采用更节能的设备并开展低碳方式。但同时，供应商绿色产品形象的提升使得更加低碳的原材料往往具有较高的价格。从制造商的角度来看，隐含碳排放不同的原材料具有不同的价格，导致成本结构更加复杂。一方面，原材料价格的提高使采购成本提高；另一方面，选择隐含碳排放量较少的原材料有利于减少企业整体的碳足迹，进而减少碳成本。

对于本研究的案例公司来说，碳交易体系下两个制造工厂具有共同的碳排放配额，共同计算碳排放量。三个原材料供应商对低碳生产的实施力度不同，使得其产品的隐含碳排放量不同，价格也有所差异。ILP 模型用于解决供应商组合和订单分配的问题时以最低成本为目标平衡碳成本和其他成本，但未考虑供应商的软实力以及供应商评估的其他重要指标。因此，前文的 ANP 模型中形成的供应商软实力指数被列为 ILP 模型的约束条件之一，要求所有采购部件的软实力必须高于平均水平。

该模型中，企业碳排放包括两个制造组装厂的生产碳排放、运输碳排放以及原材料隐含碳排放；总成本由原材料采购成本、运输成本、最终产品的生产成本和碳成本构成。如果企业有额外的免费配额出售，碳成本为负值，即利润产生。表 5-3 对 ILP 模型中使用的变量和参数进行了解释。

表 5-3   ILP 模型中变量和参数定义

类 型	符 号	定　　　义
集合	S	供应商集合，其中每一个制造商用 s 表示
	M	制造商集合，其中每一个制造商用 m 表示
参数	ρ_s	供应商 s 所提供的原材料隐含碳排放量
	ρ_{sm}	从供应商 s 运送一单位原材料到制造商 m 时，运输工具单位距离产生的碳排放量
	ρ_m	制造商 m 生产一单位最终产品的过程产生的 CO_2 排放量
	p_{sm}	供应商 s 提供给制造商 m 的原材料价格
	k_m	制造商 m 的单位生产成本
	c_{sm}	从供应商 s 运送一单位原材料到制造商 m 时的单位运输成本
	r_{sm}	供应商 s 到制造商 m 的距离
	λ_s	供应商 s 的软实力指数
	p_c	碳价
	CO_2^{cap}	企业免费配额
	CO_2^{cur}	企业实际碳排放量
	U_m	制造商 m 的最大生产能力
	dem	订单需求总量
变量	q_{sm}	供应商 s 向制造商 m 的订单量
	q_m	制造商 m 的产量

碳配额约束下，将原材料隐含碳排放纳入供应链碳足迹，以成本最小化为目标，将碳足迹小于供应链整体碳配额总量为约束之一构建整数规划模型，供应商选择和订单分配问题可以被概括为：

目标函数：

$$\min \sum_{s \in S} \sum_{m \in M} q_{sm}(p_{sm} + c_{sm}r_{sm}) + \sum_{m \in M} k_m q_m + \sum_{m \in M} \left[p_c(CO_2^{cur} - CO_2^{cap}) \right] \quad (5\text{-}17)$$

约束条件：

$$\sum_{s \in S} q_{sm} \geqslant q_m, \forall m \in M \tag{5-18}$$

$$\sum_{m \in M} q_m \geqslant dem, \forall m \in M \tag{5-19}$$

$$q_m \leqslant U_m, \forall m \in M \tag{5-20}$$

$$\frac{\sum\limits_{s \in S} \sum\limits_{m \in M} q_{sm} \lambda_s}{\sum\limits_{s \in S} \sum\limits_{m \in M} q_{sm}} \geqslant 0.33, \forall m \in M, s \in S \tag{5-21}$$

$$CO_2^{cur} = \sum_{s \in S} \sum_{m \in M} \rho_s q_{sm} + \sum_{s \in S} \sum_{m \in M} \rho_{sm} q_{sm} r_{sm} + \sum_{m \in M} \sum_{d \in D} \rho_m q_m \tag{5-22}$$

$$q_{sm} \in Z^+, \forall m \in M, s \in S \tag{5-23}$$

$$q_m \in Z^+, \forall m \in M \tag{5-24}$$

该模型的目标为成本最小化，总成本包括原材料的采购成本、运输成本、最终产品的组装生产成本和碳成本。式（5-18）确保制造厂 m 购买的所有原材料能满足其生产需求；式（5-19）确保所有制造工厂组装的最终产品数量能够满足订单需求；式（5-20）限制制造工厂 m 的生产量不能超过其最大生产能力；式（5-21）保证所有采购的原材料平均软实力不低于三个供应商的平均水平。在仅考虑成本最小化时，供应商的软实力表现在一定程度上可能被牺牲，但是，仍然要求所有原材料的软竞争力不可低于平均水平；式（5-22）计算从采购原材料到生产的整个过程中的碳排放。式（5-23）和式（5-24）保证决策变量为非负整数。

5.2.5 实证分析

基于上述 ANP 方法合成供应商的软实力指数，结果显示在表 5-4 中。结果表明，供应商北京表现最好，但与第二位无锡供应商相比优势并不明显，深圳供应商软实力方面的竞争优势最低。

表 5-4 供应商软实力评价结果

供应商	软实力指数	排　名
无锡	0.3755	2
北京	0.3798	1
深圳	0.2448	3

2017 年中国统一碳市场的建立促使一部分供应商开始着手实施低碳生产。深圳供应商在软实力方面能力最低，但通过节能设备改造和低碳技术的引进，在低碳生产方面进行了大量的努力，其提供的原材料产品的隐含碳排放明显减少。作为软实力最强的北京供应商，也进行了相应的低碳生产模式，努力程度仅次于深圳供应商。无锡供应商未进行任何相关的低碳改造。对低碳生产模式的不同投

入使产品中的隐含碳排放不同，价格也有所差异。表 5-5 列出了每个供应商的经纬度坐标、隐含碳排放强度和原材料价格。其中，隐含碳排放的平均强度由案例公司的采购经理进行平均值估算，基于 Abdallah（2012）的研究，本部分研究假设最高隐含碳排放强度和最低隐含碳排放强度分别是平均水平的 + 12.5% 和 − 12.5% 。

表 5-5　供应商相关参数值设定

供 应 商	无 锡	北 京	深 圳
坐标（纬度，经度）	(31N, 119E)	(40N, 116E)	(24N, 114E)
隐含碳排放强度/$kgCO_2$ · 产品$^{-1}$	225	181	135
价格/元	300	306	315

为了减少装配过程中产生的成本和碳排放对总成本的影响，假设装配计算机的单位成本为 1000 元，生产碳强度为每单位产品排放 $50kgCO_2$，所有原材料均通过公路货运运输，碳排放系数为每吨每公里 0.15kg。单位 LCD 屏幕的重量约为 2kg。这两家制造工厂必须满足 175287 台计算机的订单需求，每个工厂的产能不超过 10 万台。在碳交易实施之前，三家供应商提供的组件具有相同的隐含碳排放强度和价格。为了突出是否综合考虑成本因素和软实力因素，本研究设置了情景 1 和情景 2，用以应对供应商选择和订单分配的决策变化。

情景 1：碳交易实施前仅考虑成本进行供应商选择和订单分配。

情景 2：碳交易实施前综合考虑成本和软实力指数进行供应商选择和订单分配。

如图 5-3 所示，两种情形下的最优解有所不同。情景 1 时，供应商深圳分别向成都和长沙的制造商提供 75287 和 100000 单位的液晶显示屏；而在综合考虑成本和软竞争力的情况下，方案 2 的最优解决方案是选择无锡供应商，向成都和长沙制造商提供 75287 和 100000 个单位。

情景 1 和 2 中均无碳成本，三个供应商提供的液晶屏具有相同的价格。因此，仅从成本角度考虑供应商选择时，决策的差异来自运输成本。情景 1 中，最优决策是选择距离两个工厂最近的深圳供应商。然而，考虑到软竞争力时，无锡供应商将代替深圳供应商，是由于深圳供应商在三种替代方案中软竞争力方面表现最差，不能满足公司的要求。无锡供应商不仅具有相对较高的软竞争力水平，而且与两家工厂的距离也相对较近。

碳交易实施前企业碳排放量是免费碳配额分配的重要基准。因此，本研究计算了上述两种情景下企业的碳排放量，分别为 48.61 千吨和 48.77 千吨，差异主要也是由于供应商的选择和订单分配计划决策变更后的运输距离的变化导致。根据中国当前的碳约束强度，企业的免费配额一般占其历史年度碳排放量的

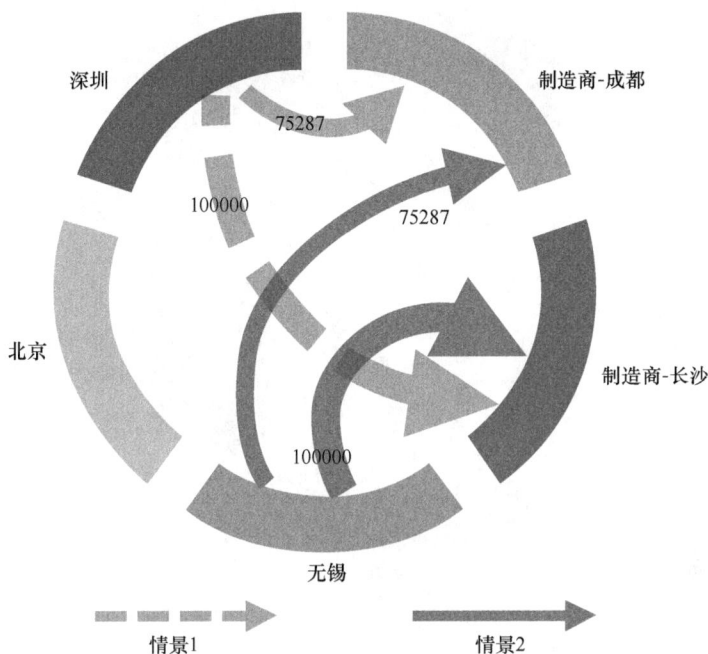

图 5-3 订单分配方案对比：情景 1 vs 情景 2

75% ~ 90%。为了进一步分析碳交易的实施对供应商的选择和订单分配的影响，假设分配给该公司的免费配额总量为 40 千吨，根据中国碳市场的实际情况，平均碳价设定为 30 元/吨二氧化碳当量。同样，方案 3 和方案 4 用于分析供应商软实力对决策的影响。

情景 3：当前碳约束强度下，仅考虑成本进行供应商选择和订单分配。

情景 4：当前碳约束强度下，综合考虑成本和软实力指数进行供应商选择和订单分配。

情景 3 和 4 的最优决策如图 5-4 所示。结果表明两种情形下问题的最优解是相同的，也就是说，情景 3 中，虽然仅从成本角度考虑供应商选择，由无锡供应商分别向成都和长沙制造商提供 75287 和 100000 单位产品；但在纳入供应商软实力水平的考虑后，最优决策仍然不变，原因是无锡供应商同时也具有相对较高的软竞争力。

但是，应该注意的是，通过对比情景 3 和情景 1 可以发现，碳交易后，企业反而选择了具有最不低碳的无锡供应商。这表明目前的碳约束强度并没有推动企业选择更加低碳的供应商作为合作伙伴，即北京和深圳。相反，由于原材料价格上涨，该企业出于采购成本的原因而更倾向于无锡供应商。也就是说，在情景 3 中，在平衡碳成本和采购成本之后，采购成本的增加明显高于碳成本，具有最低

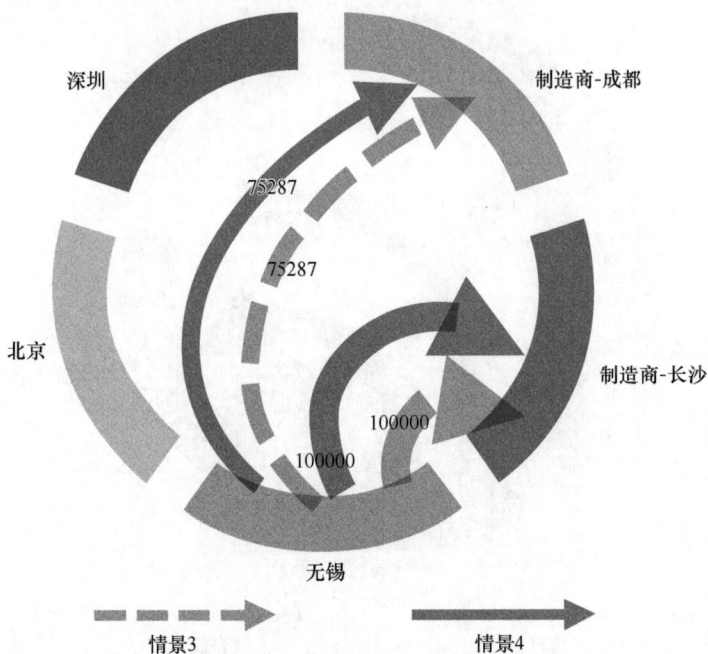

图 5-4　订单分配方案对比：情景 3 vs 情景 4

价格和最高隐含碳排放强度的无锡供应商成为最佳选择。

然而，为实现碳减排目标，碳配额约束将逐步缩紧，导致碳价上涨。根据 Carbon Tracker 的研究报告，欧洲碳市场的碳价格从 2017 年 5 月的每吨 4.38 欧元增加到 2018 年 4 月的每吨 13.82 欧元，未来理想碳价将达到每吨 45~55 欧元的碳价，以将高碳排放强度的火电厂驱逐出市场竞争。近年来，中国碳市场的碳价格也有所上涨，如上海碳交易试点在 2016—2018 年间碳价上涨了 10 倍。国家发改委能源司表示理想碳价为每吨 200~300 元。鉴于此，本书进一步设置情景 5 和 6，分析更严格的碳配额约束是否会促使企业选择低碳供应商，此时碳价定为 300 元/吨。

情景 5：更严格的碳约束强度下，仅考虑成本进行供应商选择和订单分配。

情景 6：更严格的碳约束强度下，综合考虑成本和软实力指数进行供应商选择和订单分配。

情景 5 和 6 的最优方案如图 5-5 所示。在情景 5 中，最优决策是无锡供应商分别向成都和长沙供应商提供 75287 台和 3553 台液晶屏，深圳供应商向长沙供应商提供 96447 台液晶屏。可见，与情景 3 中碳价为 30 元/吨的情形相比，最优决策明显变化。

在更严格的碳配额约束条件下，一些原材料订单从最低碳的深圳处购买，表

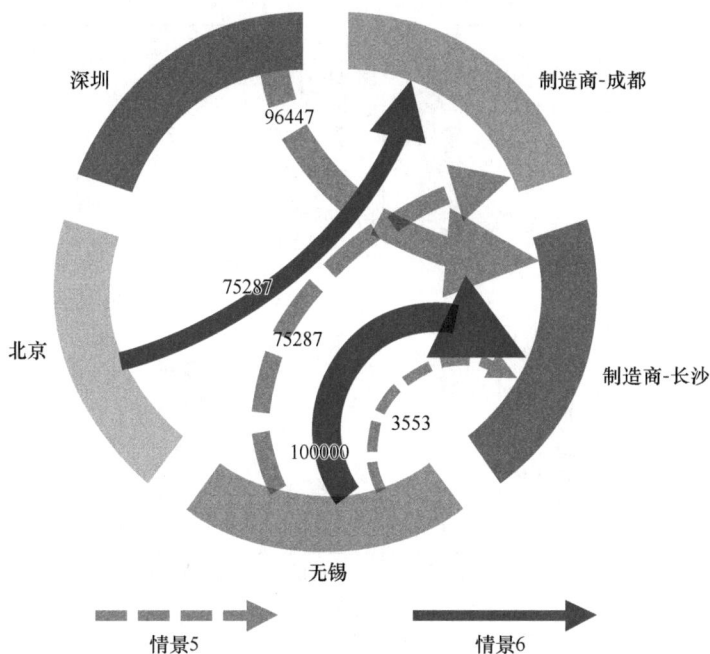

图 5-5　订单分配方案对比：情景 5 vs 情景 6

明在平衡碳成本和其他成本后，企业开始考虑供应商的低碳生产能力。在情景 6
中，由于深圳供应商的软实力较低，而不得不被企业放弃，此时，虽然从北京供
应商到两家工厂的距离最远，但相对来说，北京供应商较强的低碳生产能力和最
高水平的软竞实力为其获得运往成都的 75287 台液晶屏订单。

　　通过将上述 ANP-ILP 模型应用于碳配额约束下的中国企业，可以认为，评价
指标的考虑是否全面，以及碳配额约束的严格程度都将直接影响供应商选择和订
单分配的最优决策。本书进一步分析了企业在不同情景下的成本结构，如图 5-6
所示。由于需求量一定，不同情况下的生产成本相同，因此为简化分析，本部分
仅对比不同情形下的碳成本、液晶显示屏的采购成本和运输成本。碳成本取决于
碳排放量和碳价格，因此可以看作是碳交易的实施给企业带来的直接成本压力。
各情形下采购成本的差异是由于在碳交易实施后，供应商将部分低碳投资转移到
他们的液晶屏产品上，使得原材料价格上涨，因此，采购成本的增加可视为碳交
易引起的企业间接成本压力。

　　情景 3 和情景 5 之间的区别仅在于碳价的大幅上涨。在情景 3 中，所有订单
都分配给最不低碳的无锡供应商，而情景 5 中，部分订单则分配给最低碳的深圳
供应商。这表明更严格的碳约束强度和更高的碳价将影响企业供应商选择和订单
分配问题的最优决策。通过比较两种情景中的成本结构，可以发现在情景 5 下并

(a)

(b)

(c)

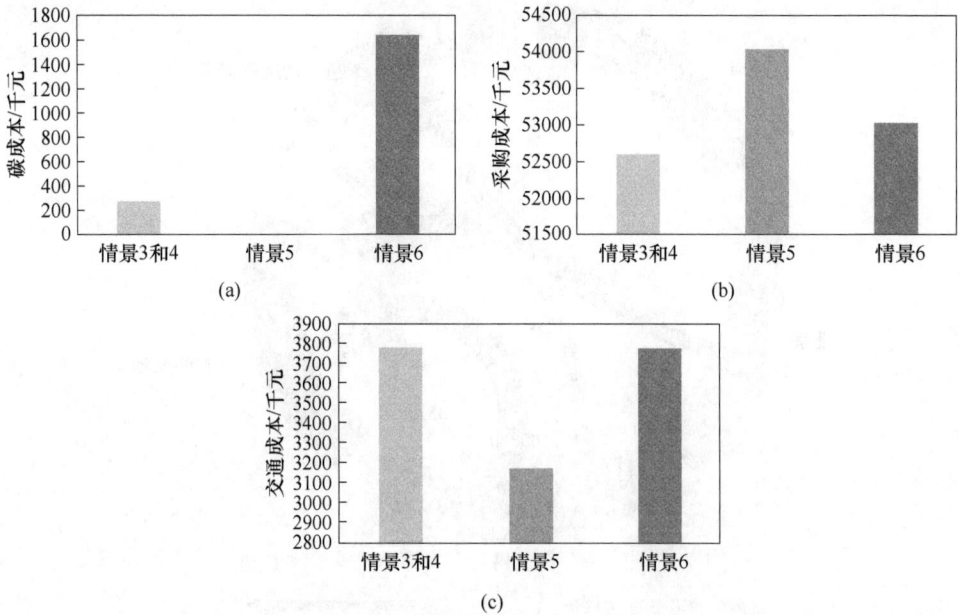

图 5-6　不同情形下成本构成的比较

（a）碳成本；（b）采购成本；（c）交通成本

没有产生碳成本，这意味着碳价的上涨没有导致碳成本的大幅增加；同时，情景5下的运输距离较短，导致运输成本较小。方案5下唯一的成本增加来自液晶显示屏的采购价格的提高，也就是说，更严格的碳配额约束对企业的影响并非来自高碳价格造成的直接成本压力，而是来自供应商转移部分低碳投资，使液晶屏价格上涨所造成的间接成本压力。这时，对于深圳供应商来说，如果其低碳技术和投资能够达到规模效应，使生产和管理成本降低，从而使得其液晶显示屏产品的价格降低，那么仅从成本的角度来看，它将在行业中具有更大的竞争优势。

　　情景4和6均为综合考虑了成本指标和供应商软实力的情形下对供应商进行的选择和订单分配。情景4中企业选择了最不低碳的无锡供应商采购所有液晶显示屏，而情景6中，受更严格的碳配额约束和更高碳价的影响，该公司将部分订单分配给相对更低碳的北京供应商。两种情景下的运输距离几乎相同，因此运输成本几乎相同。所以，相比情景4，情景6中的碳成本显著增加，即如果综合考虑供应商的软实力进行供应商选择，更严格的碳配额约束强度将对公司造成巨大的直接成本压力。此时，碳交易导致的间接成本压力也会产生，但增加程度相对较小。对无锡供应商来说，其本身具有较强的软实力，但由于其碳排放强度过高，在更严格的碳交易体系下不得不被下游制造商抛弃。这为供应商带来一定的启示，即本身具有较强软实力的供应商应尽早进行低碳生产，以便在碳交易实施后进一步获得竞争优势。

情景 5 和 6 之间的区别在于是否考虑供应商的软实力进行供应商的选择。在情景 5 中，部分液晶屏从最低碳的深圳供应商购买，此时即使碳价非常高，也未产生碳成本。也就是说，更严格的碳配额约束不会给企业带来直接的成本压力。然而在情景 6 中，最低碳的深圳供应商由于其不佳的软实力水平，而不得不被其他两家供应商取代。此时虽然采购成本有所降低，但碳成本和运输成本显著增加，导致总成本增加。可见，对于已经关注低碳生产的供应商来说，应注意软实力和低碳生产能力的协调发展，以获得行业中的战略竞争地位。此外，如果公司能够与低碳供应商建立长期合作关系，并协作提高各方面的能力和水平，对于供应商和制造商来说，则可实现双赢，一方面帮助供应商提高自己的低碳能力，另一方面帮助制造商节约成本。

5.3 结果讨论与建议

由于个体企业处于供应链网络中，所以碳配额约束不但会影响制造业企业自身的生产运营策略，也对企业与其外围关系产生影响，当参与产品生产的上游原材料供应商和下游制造商共同参与碳交易时，碳配额约束通过间接成本效应影响上下游合作关系，本章将间接成本纳入 Stackelberg 模型，揭示碳配额约束对上下游关系的影响机制。

当仅上游供应商参与碳交易、下游企业不参与时，供应商产品价格提升空间最大，随着下游制造商参与到碳交易中，供应商提价空间变小，当下游合作伙伴碳强度过高时，上游供应商可能放弃提价策略，而采取适当的降价策略。原因在于，碳强度过高的下游企业在碳约束条件下，产量大量减少，对上游原材料需求降低，上游供应商实行降价策略可以稳定自身产品的销量有下游需求作支撑。上下游共同参与碳交易时，下游制造商产量面临直接和间接两方面成本压力，产量降低由两方面共同作用。碳交易制度的实施可能打破原有供应链上下游合作关系，促进更加低碳的合作关系形成。研究发现下游制造商较高的碳强度可能驱使上游供应商寻找新的、更清洁的、更低碳的合作伙伴。同时，下游供应商也有驱动力寻找碳强度更低的供应商，从而缓解间接成本压力。对行业中排放强度较高的企业而言，其利益将遭受损失，但是从中国的整体经济发展来看，具有巨大的进步意义，碳配额约束一方面刺激自身减排行为，另一方面促进低碳供应关系形成，加速低碳标准下行业的优胜劣汰过程。

碳配额约束下，企业应更加主动地披露自己的生产和减排数据，不但有益于确定合适的生产量和减排量，知己知彼也有益于选择合适的合作伙伴。碳配额约束所导致的直接和间接成本的增加，对企业来说必然是一个挑战。然而，碳配额约束对企业真正将减排行为重视起来，提高自己的能源效率、降低碳排放水平来说，又是难得的机遇。

本书以一家在我国设有两家计算机组装制造厂和三家液晶显示屏供应商的国际大型电子设备制造商为例，进行 ANP-ILP 模型进行验证。该模型为企业决策者提供对低碳供应商选择和订单分配方法，从全生命周期角度考虑原材料的隐含碳排放量，同时可以以成本最小化为目标，又不缺失传统的供应商软实力考虑，来进行订单分配。结果清楚地说明了是否考虑供应商软实力，以及碳配额约束的强度都将影响企业最终决策，以及成本结构。在此基础上，本研究提出供应商在发展过程中应如何平衡软实力与低碳能力之间的协调发展，以及案例企业如何与供应商合作实现双赢的策略和建议。

结果显示，对于案例企业来说，目前的碳配额约束并未促使其选择低碳供应商，相反，由于产品价格上涨，该企业出于价格考虑而更偏爱最不低碳的供应商。但是，当碳价更高、碳配额约束更加严格的条件下，供应商选择和订单分配问题的最优决策将更加倾向于低碳供应商。因此，具有较强软实力的供应商应尽早开展低碳生产，以便在碳交易实施后保持其竞争地位；一旦获得相对较强的低碳能力，供应商应尽量使低碳技术和投资达到规模效应，降低其低碳产品的价格，以进一步获得更大的竞争优势。此外，必须协调发展软实力和低碳生产能力。最后，企业可以与低碳供应商建立长期合作关系，并协同提高各方面的能力水平以实现两者双赢。

5.4　本　章　小　结

本章分析了京津冀碳交易体制下供应链上下游合作关系的变化。从长远看来，碳交易都将加速低碳供应链的形成，一方面当上游供应商具有定价能力的时候，其倾向于选择具有碳竞争力，即碳强度较低的制造业企业作为合作伙伴，因为其较强的碳竞争力能保证产品的产量，也使得上游供应商有保持价格稳定，甚至提升产品价格获得收益的可能；另一方面，下游供应商也倾向于选择碳强度较低的上游原材料制造商，这种现象在京津冀当前的碳交易制度下体现得还不明显，但是根据京津冀碳交易的发展目标和趋势，随着碳配额约束收紧，碳价提升，碳交易对供应链整体的作用将逐渐凸显，促进低碳供应关系的形成。

6 碳配额约束下制造商与分销商合作减排策略分析

在碳交易背景下，碳减排越来越受到企业的关注。减排技术的高昂成本成为企业碳减排的重要障碍。供应链企业间的合作减排可以有效减轻企业减排的资金压力，政府为促进供应链上下游企业的合作减排，为不参与碳市场的下游企业提供减排补贴。本章借助博弈论方法，通过短期博弈分析比较无政府补贴和有政府补贴的均衡结果，研究了在短期政府补贴对供应链上下游企业的合作减排协调有何影响；以及在政府补贴的情况下，哪种补贴政策在促进双方合作减排和社会福利增长方面效果更好，是否存在最优补贴；此外，还通过演化博弈的分析，研究在长期政府补贴情况下是否还能够增加社会福利。

6.1 问题提出

碳交易政策的实施虽然能够有效降低工业碳强度，但是对于中国企业来说既是机遇又是挑战。由于碳交易机制为每个工业企业分配了有限的碳排放配额（Yang et al.，2020），工业企业必须实施碳减排，如果工业企业超过排放量需要在碳交易市场购买碳排放配额，否则将被罚款。当排放量小于碳配额时，他们还可以出售剩余配额以赚取利润（Du et al.，2013）。但是随着碳减排水平的提高，减排的边际成本增加，工业企业进一步减排面临着巨大的技术瓶颈和资金压力（周艳菊 等，2017）。对于这一问题，学者们和企业均提出通过合作减排模式，共同突破技术难题、分担资金成本等方式以减轻企业的减排负担，提高企业减排积极性（孟卫军 等，2018）。

此时，受碳配额约束的工业企业与其供应链下游分销商合作进行减排，成为学者们考虑的途径之一。在这种模式下，工业企业减轻了减排负担，减排积极性也得到提高；分销商通过合作可以收获绿色品牌效益。然而，在这种模式下，许多下游分销商通常不受碳交易政策的管制。因此，他们不愿意在合作减排上花费资金和精力，缺乏与工业企业合作减排的动机，使得这一模式的实现停滞不前。此时，有学者提出，如果政府对分销商企业减排进行补贴来促进其与工业企业进行合作减排，那么就能帮助解决工业企业独立减排所面临的困境（谢鑫鹏 等，2013；Jing et al.，2019）。

在中国的一些地区（如北京、深圳），政府同时采用碳交易和补贴政策来实现碳减排。政府补贴作为另一种促进自愿碳减排的激励手段（Yang et al., 2021），有两种补贴政策。一种是基于减排技术成本的补贴，另一种是基于减排量的补贴（孟卫军 等，2018）。然而，在碳交易政策背景下，探究政府补贴对供应链合作减排影响的研究较少。政府补贴除了能够缓解企业减排压力，促进双方合作减排，还会有效增加社会福利（Plambeck，2012；Zhang et al., 2020）。但是，政府补贴作为一种激励手段，不仅在实施方面存在高昂的成本，还有可能破坏市场机制。因此，政府应制定何种补贴政策才能有效激励企业的合作减排，增加社会福利，是当前政府面临的难题。此外，在长期碳交易下，对于企业的合作减排，政府是否还能继续有效地起到激励作用，增加社会福利也未可知。因此，该问题值得研究。为了促进供应链合作减排，推动企业通过合作减排应对碳配额约束，最终实现碳达峰、碳中和目标，本章借助博弈理论，构建一个动态演化博弈模型，对政府的补贴策略、工业企业的生产和减排策略、分销商参与合作减排努力策略进行最优策略选择。

6.2　博弈模型构建

本章构建一个博弈系统，包括政府、工业企业和分销商。其中工业企业负责生产绿色产品，而分销商负责销售绿色产品，两家企业处于同一条供应链中，且每家企业都可以选择合作减排或者独立减排。为实现社会福利最大化，政府将为进行减排的分销商提供补贴。

在该博弈模型中，工业企业在生产过程中受碳交易规制约束，政府为工业企业免费分配的碳配额总量为 e。当工业企业碳排放低于这个额度时，可以将剩余的碳排放量在碳交易市场上卖出。同理，若工业企业碳排放高于这个额度，企业需要在碳交易市场购买碳排放权。工业企业在减排过程中需要决定减排强度 n 和产量 q，并且工业企业面临一个线性逆需求函数 $P = a - q$，其中，a 代表工业企业的基本市场需求。此外，q 代表工业企业生产的产品数量。工业企业的单位生产成本被设定为常数 c。分销商则决定自己是否与工业企业合作减排，以及分担减排量的比例 μ 和独立减排量 s_2。如果双方企业达成减排合作，那么分销商会帮助工业企业分担比例为 μ 的减排量，同时自身会额外获得一部分的绿色品牌收益。政府作为引导者，通过基于社会福利最大化的两种不同补贴方式来决定是否支持工业企业和分销商之间的合作减排。如果政府支持合作减排，则政府会给予分销商一部分额外的补贴，如果政府不支持合作减排，政府则不承认分销商与工业企业合作完成的减排量，仅仅对分销商独立完成的减排量进行少量补贴。

为简化分析，本书假设分销商在不考虑减排收益和减排成本时只赚取固定的利润，为 π_r^0；同时，本书不考虑碳配额购买和出售的实际价格和费用差异，均为 p_c，根据 Poyago-Theotoky 的研究（2010），假设单位产品初始排放量为 e_1，工业企业的减排量 $s_1 = ne_1q$，减排成本可用 $C_1 = \frac{1}{2}r_1(ne_1q)^2$ 表示，其中 r_1 为工业企业的减排成本系数，r_1 越小，表明工业企业的减排效率越高。分销商的减排成本可用 $C_2 = \frac{1}{2}r_2s_2^2$ 表示，其中 r_2 为分销商的减排成本系数，r_2 越小，则分销商减排效率越高。

企业如果进行减排，消费者会更倾向于选择低碳产品进行消费，从而减排后的低碳产品吸引更多的消费者进行购买，基本需求将会扩大。因此，通过改进生产技术或其他手段进行减排的产品会更具有竞争力，更受消费者的认可，从而扩大基本市场需求。为了简单起见，本书假设当分销商没有进行减排时的正常利润是 π_r^0，如果分销商与工业企业之间达成减排合作，那么分销商将会收获绿色品牌收益，使得其所得利润扩大到 $(1+\beta)\pi_r^0$，其中 β 是增长比例，代表着绿色品牌效益。如果工业企业或分销商没有实现合作目标，那么追求合作的一方会损失为对方付出的沟通成本 C_m 和 C_r。因为随着产品的排放减少，市场中的消费者需求也会增加。该设置与之前关于绿色度量的工作类似，他们假设产品的绿色度对增加消费者需求具有积极影响（武丹 等，2021）。尽管减排技术对扩大市场需求有好处，但是在企业进行投资减排技术时需要承担额外的高额成本。因此，该决策将会给企业带来资金压力，从而削弱企业的减排积极性。

随着工业企业减排水平的提高，企业所需承担的减排成本也日益高涨。随着碳交易政策的不断完善和发展，政策对企业的减排水平要求也越来越高，而减排水平的提高意味着企业要不断付出更多的减排成本，但是企业的资金承受能力有限，这将极大地压缩企业减排潜力，限制企业减排能力的发挥。因此，为减轻工业企业减排负担，提高减排积极性，选择与分销商合作减排可能是一条有效的优化路径。然而对于分销商来说，分销商目前还未纳入碳交易政策的控排企业。因此，分销商缺乏减排主动性。如果与工业企业合作需要承担额外的减排成本，这对选择分销商合作减排是一道关键的障碍。因此，政府如何有效鼓励分销商与工业企业合作减排，以解决工业企业独立减排的困境是值得关注的问题。

作为一名监督者和引导者，政府为起到激励作用致力于为分销商的减排行为提供财政支持，以积极推动和鼓励分销商的减排行为。如果政府干预分销商减排的决策，政府将会面临两种选择，一种是承认分销商的合作减排量，另一种是只承认分销商进行独立减排的碳减排量，在两种情况下，政府都根据分销商的碳减排量发放补贴并需要决定单位补贴以实现社会福利最大化，这可以通过企业利润和总环境影响的总和减去支付给企业的总补贴来衡量。本书认为企业的碳减排具有积极的社会效应，这也可以反映产品的环境指标。因此，总环境影响是指由于企业进行碳减排工作给社会带来的环境效应。一般来说，企业的碳减排量越多，环境效益就越大（Amin et al.，2013）。据此，本书制定如下的社会福利函数：

$$\max \pi_g = \sum_{i=m,r} \pi_i + \gamma_2 \sum_{i=1,2} s_i - (m \times \mathbb{I}_1)s_2 - (m \times \mathbb{I}_2 \times \mathbb{I}_1)\mu s_1 \qquad (6\text{-}1)$$

式中，γ_2 为单位碳减排量给社会带来的积极绿色效应；$\mathbb{I}_1$ 为指标函数，它等于 1 如果有政府补贴，否则为 0；$\mathbb{I}_2$ 为指标函数，它等于 1 如果政府选择支持合作减排，否则为 0。

表6-1 总结了本书的相关参数。

表 6-1　参数解释

变量	描　述
a	工业企业的基本市场需求
c	工业企业的单位生产成本
n	工业企业的碳减排强度
β_2	分销商由于合作减排获得的绿色品牌效益系数
q	工业企业的产量
e	碳配额
e_1	在未减排时，工业企业单位产品初始排放量
p_c	碳价
μ	分销商帮助工业企业分担的减排量比例
r_1	工业企业减排成本系数
r_2	分销商减排成本系数
s_1	工业企业的减排量
s_2	分销商的减排量
π_r^0	在减排前，分销商获得的初始正常收益
C_m	工业企业寻求合作的沟通成本
C_r	分销商寻求合作的沟通成本
γ_2	单位低碳产品给社会带来的积极社会效应
m	当分销商减排时，政府给予分销商的补贴率
E	工业企业在碳市场上的交易额，$E = p_c[e - e_1(1+\beta_1) + s_1]$
C_1'	合作减排时，工业企业的减排成本，$C_1' = \dfrac{1}{2}r_1 s_1^2(1-\mu^2)$
C_1	独立减排时，工业企业的减排成本，$C_1 = \dfrac{1}{2}r_1 s_1^2$
C_2	分销商的独立减排成本，$C_2 = \dfrac{1}{2}r_2 s_2^2$
C_2'	合作减排时，分销商分担的减排成本，$C_2' = \dfrac{1}{2}r_1(\mu s_1)^2$

为了探讨政府补贴的作用，本书先考察了没有政府补贴的博弈，然后进一步考察了有政府补贴的博弈。对于每种情况，本书先进行考虑短期博弈下，各方的最优解以及合作与不合作时的最大社会福利，随后使用演化博弈理论分析长期博弈的情况。首先针对没有政府补贴的博弈，如表 6-2 所示，其中，下标 m 代表工业企业，r 代表分销商。I、N 分别代表合作减排和独立减排。在 NN 情况下，工业企业和分销商都不愿意合作减排。在 IN 和 NI 的情况下，两家企业只有一家愿意合作减排，因此导致最终的合作失败。在 II 情况下，工业企业和分销商均愿意合作减排，将在以下部分详细分析每种情况。

表 6-2　两方博弈的收益矩阵

工业企业＼分销商	合作减排	独立减排
合作减排	π_m^{II}, π_r^{II}	π_m^{IN}, π_r^{IN}
独立减排	π_m^{NI}, π_r^{NI}	π_m^{NN}, π_r^{NN}

6.3　结 果 分 析

6.3.1　无政府补贴供应链企业减排合作情况

没有政府补贴的情况下的均衡解：工业企业和分销商都愿意合作减排，只有一家企业愿意合作减排和两家企业都不愿合作减排。在该博弈系统中，每家企业需要决定是否愿意合作减排，如果只有一方做出合作减排的决定，则该企业会产生沟通成本 C_m 或 C_r，以进行合作前的准备工作。其次，在博弈过程中，工业企业需要决定自己产量 q 和完成的减排强度 n，分销商需要决定帮助工业企业分担的减排比例 μ 和独立减排量 s_2。最后，绿色产品将投放市场，实现两家企业的利润和社会福利。各方的均衡策略以及利润可通过求解纳什均衡来获得，本小节针对每种情况计算各方的均衡解：

（1）情况 NN：在这种情况下，工业企业和下游分销商均不愿意合作减排，因此分销商不用分担工业企业的减排成本，通过求解基本纳入对策，我们可以得到此时双方的利润和最大社会福利：

1）工业企业的产量 $q = \dfrac{a - c - p_c e_1}{2}$；碳减排强度 $n = \dfrac{2p_c}{(a-c)r_1 e_1 - p_c r_1 e_1^2}$；分销商的分担比例为 $\mu = 0$，$s_2 = 0$。

2）工业企业的利润为：

$$\pi_m^{NN} = \left(a - \frac{a-c-p_c e_1}{2} - c \right) \frac{a-c-p_c e_1}{2} + p_c \left[e - e_1 \frac{a-c-p_c e_1}{2} + \right.$$

$$\left. \frac{2p_c}{(a-c)r_1 e_1 - p_c r_1 e_1^2} e_1 \frac{a-c-p_c e_1}{2} \right] -$$

$$\frac{1}{2} r_1 \left[\frac{2p_c}{(a-c)r_1 e_1 - p_c r_1 e_1^2} e_1 \frac{a-c-p_c e_1}{2} \right]^2$$

分销商的利润为：

$$\pi_r^{NN} = \pi_r^0$$

社会福利：

$$\max \pi_g^{NN} = \pi_m^{NN} + \pi_r^{NN} + \gamma_2 \left[\frac{2p_c}{(a-c)r_1 e_1 - p_c r_1 e_1^2} e_1 \frac{a-c-p_c e_1}{2} \right]$$

（2）情况 IN/NI：在此情况下，只有一家企业愿意合作减排，由此导致双方合作失败。也就是说，工业企业愿意合作减排，而分销商不会，或者工业企业不愿意合作减排，而分销商会。通过进行合作前的准备工作，愿意合作的企业会花费沟通成本来去寻求意向合作，因此，尽管合作失败，沟通成本时企业必须支付一部分支出。通过求解纳什均衡，可以得到双方的均衡策略和利润。

情况 IN：

1）工业企业的产量 $q = \dfrac{a-c-p_c e_1}{2}$；碳减排强度 $n = \dfrac{2p_c}{(a-c)r_1 e_1 - p_c r_1 e_1^2}$；分销商的分担比例为 $\mu = 0$，$s_2 = 0$。

2）工业企业的利润为：

$$\pi_m^{IN} = \left(a - \frac{a-c-p_c e_1}{2} - c \right) \frac{a-c-p_c e_1}{2} + p_c \left[e - e_1 \frac{a-c-p_c e_1}{2} + \right.$$

$$\left. \frac{2p_c}{(a-c)r_1 e_1 - p_c r_1 e_1^2} e_1 \frac{a-c-p_c e_1}{2} \right] -$$

$$\frac{1}{2} r_1 \left[\frac{2p_c}{(a-c)r_1 e_1 - p_c r_1 e_1^2} e_1 \frac{a-c-p_c e_1}{2} \right]^2 - C_m$$

分销商的利润：

$$\pi_r^{IN} = \pi_r^0$$

社会福利：

$$\max \pi_g^{IN} = \pi_m^{IN} + \pi_r^{IN} + \gamma_2 \left[\frac{2p_c}{(a-c)r_1 e_1 - p_c r_1 e_1^2} e_1 \frac{a-c-p_c e_1}{2} \right]$$

情况 NI：

1）工业企业的产量 $q = \dfrac{a-c-p_c e_1}{2}$；碳减排强度 $n = \dfrac{2p_c}{(a-c)r_1 e_1 - p_c r_1 e_1^2}$；分

销商的分担比例为 $\mu = 0$，$s_2 = 0$。

2）工业企业的利润为：

$$\pi_m^{NI} = \left(a - \frac{a - c - p_c e_1}{2} - c \right) \frac{a - c - p_c e_1}{2} + p_c \left[e - e_1 \frac{a - c - p_c e_1}{2} + \right.$$

$$\left. \frac{2p_c}{(a - c) r_1 e_1 - p_c r_1 e_1^2} e_1 \frac{a - c - p_c e_1}{2} \right] -$$

$$\frac{1}{2} r_1 \left[\frac{2p_c}{(a - c) r_1 e_1 - p_c r_1 e_1^2} e_1 \frac{a - c - p_c e_1}{2} \right]^2$$

分销商的利润：

$$\pi_r^{NI} = \pi_r^0 - C_r$$

社会福利：

$$\max \pi_g^{NI} = \pi_m^{NI} + \pi_r^{NI} + \gamma_2 \left[\frac{2p_c}{(a - c) r_1 e_1 - p_c r_1 e_1^2} e_1 \frac{a - c - p_c e_1}{2} \right]$$

（3）情况 II：两家企业均愿意合作减排，通过求解纳什均衡，可得到每个参与者的销售价格、数量以及利润。此时，工业企业的产量 $q = \dfrac{a - c - p_c e_1}{2}$；碳减排强度 $n = \dfrac{2p_c}{(a - c) r_1 e_1 - p_c r_1 e_1^2}$；分销商的分担比例为 $\mu = 0$，$s_2 = 0$。由此可知，此时分销商的最优分担减排比例为零，即此时双方无法达成合作。

通过比较四种情况下的最优解，发现无论双方愿不愿意合作，由于没有任何政府补贴，双方在所有情况下都无法完成合作，且如果只有一方愿意合作时，该方的利润还会因为沟通成本的投入产生损失。因此，在短期博弈中，工业企业和分销商无法进行合作减排。

其次，基于演化博弈理论研究两方博弈的长期行为，分析工业企业和分销商之间的演化博弈。本书研究假设工业企业和分销商都能够独立做出决策，并进行重复博弈。具体而言，假设工业企业合作减排或独立减排的概率为 x 和（$1 - x$），分销商合作减排和独立减排的概率为 y 和（$1 - y$）。由此我们确定了二维动力系统，结果如下所示：

$$\begin{cases} \dot{x} = x(1 - x) \left[y \left(-\dfrac{1}{2} r_1 s_1''^2 (1 - \mu^2) + \dfrac{1}{2} r_1 s_1'^2 + p_c(s_1'' - s_1') + C_m \right) - C_m \right] \\ \dot{y} = y(1 - y) \left[x \left(-\dfrac{1}{2} r_1 (\mu s_1'')^2 + \beta_2 \pi_r^0 + C_r \right) - C_r \right] \end{cases} \quad (6\text{-}2)$$

式中，$s_1' = n' e_1 q$，$s_1'' = n'' e_1 q$。该系统的演化均衡是（0,0），（1,0），（0,1），（1,1）。

演化均衡点的局部稳定点由二维动力系统的雅可比矩阵 J 局部稳定性分析确定。系统的雅可比矩阵 J 为：

$$J = \begin{pmatrix} \dfrac{\partial \dot{x}}{\partial x} & \dfrac{\partial \dot{x}}{\partial y} \\[2mm] \dfrac{\partial \dot{y}}{\partial x} & \dfrac{\partial \dot{y}}{\partial y} \end{pmatrix}$$

矩阵中$\dfrac{\partial \dot{x}}{\partial x}$、$\dfrac{\partial \dot{x}}{\partial y}$、$\dfrac{\partial \dot{y}}{\partial x}$、$\dfrac{\partial \dot{y}}{\partial y}$分别是：

$$\frac{\partial \dot{x}}{\partial x} = (1 - 2x)\left\{ y\left[-\frac{1}{2}r_1 s_1''^2(1 - \mu^2) + \frac{1}{2}r_1 s_1'^2 + p_c(s_1'' - s_1') + C_m \right] - C_m \right\} \quad (6\text{-}3)$$

$$\frac{\partial \dot{x}}{\partial y} = x(1 - x)\left\{ y\left[-\frac{1}{2}r_1 s_1''^2(1 - \mu^2) + \frac{1}{2}r_1 s_1'^2 + p_c(s_1'' - s_1') + C_m \right] \right\} \quad (6\text{-}4)$$

$$\frac{\partial \dot{y}}{\partial x} = y(1 - y)\left\{ x\left[-\frac{1}{2}r_1(\mu s_1'')^2 + \beta_2 \pi_r^0 + C_r \right] \right\} \quad (6\text{-}5)$$

$$\frac{\partial \dot{y}}{\partial y} = (1 - 2y)\left\{ x\left[-\frac{1}{2}r_1(\mu s_1'')^2 + \beta_2 \pi_r^0 + C_r \right] - C_r \right\} \quad (6\text{-}6)$$

接着，通过分析矩阵 J 行列式的符号和四个均衡点处的轨迹，确定系统的局部稳定性。如果矩阵 J 行列式 $\det J$ 大于 0 且迹 $\mathrm{tr}J$ 小于 0，则演化均衡是局部稳定点，可解释为 ESS。判决条件写为：

$$\begin{cases} \det J = \begin{vmatrix} \dfrac{\partial \dot{x}}{\partial x} & \dfrac{\partial \dot{x}}{\partial y} \\[2mm] \dfrac{\partial \dot{y}}{\partial x} & \dfrac{\partial \dot{y}}{\partial y} \end{vmatrix} = \dfrac{\partial \dot{x}}{\partial x}\dfrac{\partial \dot{y}}{\partial y} - \dfrac{\partial \dot{x}}{\partial y}\dfrac{\partial \dot{y}}{\partial x} > 0 \\[4mm] \mathrm{tr}J = \dfrac{\partial \dot{x}}{\partial x} + \dfrac{\partial \dot{y}}{\partial y} < 0 \end{cases} \quad (6\text{-}7)$$

可以看出，最终双方博弈会稳定在（0，0）点，即工业企业独立减排，分销商也独立减排的情况。当 $-\dfrac{1}{2}r_1 s_1''^2(1 - \mu^2) + \dfrac{1}{2}r_1 s_1'^2 + p_c(s_1'' - s_1') > 0$ 且 $-\dfrac{1}{2}r_1(\mu s_1'')^2 + \beta_2 \pi_r^0 > 0$ 时，（1，1）是稳定系统演化均衡。

6.3.2　有政府补贴供应链企业减排合作情况

本部分探讨了政府补贴存在时的均衡结果，字母 S 表示有政府补贴的情况。上角 0 代表政府仅仅对分销商的独立减排进行补贴，上角 1 代表政府不仅仅对分销商的独立减排进行补贴，而且承认分销商的合作减排量并给予补贴。在政府补贴的情况下，工业企业和分销商仍要分别决定自己的碳减排量和分担比例。但是，当两家企业没有合作成功时，政府仍会对分销商的独立减排量进行补贴，以鼓励分销商积极减排，区别在于，政府在制定补贴政策时需要决定是否支持合作减排：若支持合作减排，政府会承认工业企业和分销商之间的合作减排量，并给予分销商相应的减排补贴，反之，政府则只针对分销商独立减排量进行少量的补贴。我们会针对政府不支持合作减排和支持合作减排两种情况分别讨论两家企业的短期均衡决策和最大利润，以及社会福利最大化问题，政府需要决定为企业提供最优的补贴，以实现社会福利最大化，探讨四种均衡结果下政府的最优补贴策略。

（1）政府只承认独立减排量，不支持合作减排：

1）情况 S^0NN：在这种情况下，工业企业和下游分销商均不愿意合作减排，因此分销商不用分担工业企业的减排成本，政府会对分销商的独立减排量进行补贴，通过求解基本纳什对策，我们可以得到此时双方的利润和最大社会福利。

当工业企业和分销商均不愿意合作减排时，双方的均衡解决策略和利润总结如下：

① 工业企业的产量 $q = \dfrac{a-c-p_c e_1}{2}$；碳减排强度 $n = \dfrac{2p_c}{(a-c)r_1 e_1 - p_c r_1 e_1^2}$；分销商的分担比例为 $\mu = 0$，$s_2 = \dfrac{m}{r_2}$。

② 工业企业的利润为：

$$\pi_m^{S^0NN} = \left(a - \frac{a-c-p_c e_1}{2} - c \right)\frac{a-c-p_c e_1}{2} + p_c \left[e - e_1 \frac{a-c-p_c e_1}{2} + \right.$$

$$\left. \frac{2p_c}{(a-c)r_1 e_1 - p_c r_1 e_1^2} e_1 \frac{a-c-p_c e_1}{2} \right] -$$

$$\frac{1}{2} r_1 \left[\frac{2p_c}{(a-c)r_1 e_1 - p_c r_1 e_1^2} e_1 \frac{a-c-p_c e_1}{2} \right]^2$$

分销商的利润为：

$$\pi_r^{S^0NN} = \pi_r^0 - \frac{1}{2} r_2 \left(\frac{m}{r_2} \right)^2 + m \frac{m}{r_2}$$

社会福利为：

$$\max \pi_g^{S^0NN} = \pi_m^{S^0NN} + \pi_r^{S^0NN} + \gamma_2 \left[\frac{2p_c}{(a-c)r_1 e_1 - p_c r_1 e_1^2} e_1 \frac{a-c-p_c e_1}{2} + \frac{m}{r_2} \right] - m \frac{m}{r_2}$$

2）情况 Ⅱ：两家企业均愿意合作减排。但由于政府不支持合作减排，因此不会承认分销商的合作减排量，仅仅针对分销商的独立减排量进行补贴。通过求解纳什均衡，可得到每个参与者的均衡策略解以及利润。

工业企业的产量 $q = \dfrac{a-c-p_c e_1}{2}$；碳减排强度 $n = \dfrac{2p_c}{(a-c)r_1 e_1 - p_c r_1 e_1^2}$；分销商的分担比例为 $\mu = 0$，$s_2 = \dfrac{m}{r_2}$。由此可见，如果政府不支持合作减排，不承认分销商的合作减排量，仅仅对分销商的独立减排进行补贴，此时分销商不愿意分担工业企业的减排量，即合作无法达成。

（2）政府支持合作减排：

1）情况 S^1NN：在这种情况下，工业企业和下游分销商均不愿意合作减排，因此分销商不用分担工业企业的减排成本，政府会对分销商的独立减排量进行补贴。通过求解基本纳什对策，我们可以得到此时双方的利润和最大社会福利。

当工业企业和分销商均不愿意合作减排时，双方的均衡解决策略和利润总结如下：

① 工业企业的产量 $q = \dfrac{a - c - p_c e_1}{2}$；碳减排强度 $n = \dfrac{2p_c}{(a - c) r_1 e_1 - p_c r_1 e_1^2}$；分销商的分担比例为 $\mu = 0$，$s_2 = \dfrac{m}{r_2}$。

② 工业企业的利润为：

$$\pi_m^{S^1NN} = \left(a - \frac{a - c - p_c e_1}{2} - c \right) \frac{a - c - p_c e_1}{2} + p_c \left(e - e_1 \frac{a - c - p_c e_1}{2} + \frac{p_c}{r_1} \right) - \frac{1}{2} r_1 \left(\frac{p_c}{r_1} \right)^2$$

分销商的利润为：

$$\pi_r^{S^1NN} = \pi_r^0 - \frac{1}{2} r_2 s_2^2 + m s_2$$

社会福利为：

$$\max \pi_g^{S^1NN} = \pi_m^{S^1NN} + \pi_r^{S^1NN} + \gamma_2 \left(\frac{p_c}{r_1} + \frac{m}{r_2} \right) - m \frac{m}{r_2}$$

2）情况 S^1IN/S^1NI：在此情况下，只有一家企业愿意合作减排，由此导致双方合作失败。尽管合作失败，沟通成本是企业必须支付的一部分支出。政府仍需向分销商的独立减排量进行补贴。通过求解纳什均衡，可以得到双方的均衡策略和利润。

情况 S^1IN：

① 工业企业的产量 $q = \dfrac{a - c - p_c e_1}{2}$；碳减排强度 $n = \dfrac{2p_c}{(a - c) r_1 e_1 - p_c r_1 e_1^2}$；分销商的分担比例为 $\mu = 0$，$s_2 = \dfrac{m}{r_2}$。

② 工业企业的利润为：

$$\pi_m^{S^1IN} = \left(a - \frac{a - c - p_c e_1}{2} - c \right) \frac{a - c - p_c e_1}{2} + p_c \left(e - e_1 \frac{a - c - p_c e_1}{2} + \frac{p_c}{r_1} \right) - \frac{1}{2} r_1 \left(\frac{p_c}{r_1} \right)^2 - C_m$$

分销商的利润为：

$$\pi_r^{S^1IN} = \pi_r^0 - \frac{1}{2} r_2 \left(\frac{m}{r_2} \right)^2 + m \frac{m}{r_2}$$

社会福利为：

$$\max \pi_g^{S^1IN} = \pi_m^{S^1IN} + \pi_r^{S^1IN} + \gamma_2 \left(\frac{p_c}{r_1} + \frac{m}{r_2} \right) - m\frac{m}{r_2}$$

情况 S^1NI：

① 工业企业的产量 $q = \dfrac{a - c - p_c e_1}{2}$；碳减排强度 $n = \dfrac{2p_c}{(a-c)r_1 e_1 - p_c r_1 e_1^2}$；分销

商的分担比例为 $\mu = 0$，$s_2 = \dfrac{m}{r_2}$。

② 工业企业的利润为：

$$\pi_m^{S^1NI} = \left(a - \frac{a - c - p_c e_1}{2} - c \right) \frac{a - c - p_c e_1}{2} + p_c \left(e - e_1 \frac{a - c - p_c e_1}{2} + \frac{p_c}{r_1} \right) - \frac{1}{2} r_1 \left(\frac{p_c}{r_1} \right)^2$$

分销商的利润为：

$$\pi_r^{S^1NI} = \pi_r^0 - \frac{1}{2} r_2 \left(\frac{m}{r_2} \right)^2 - C_r + m\frac{m}{r_2}$$

社会福利为：

$$\max \pi_g^{S^1NI} = \pi_m^{S^1NI} + \pi_r^{S^1NI} + \gamma_2 \left(\frac{p_c}{r_1} + \frac{m}{r_2} \right) - m\frac{m}{r_2}$$

3) 情况 $S^1 \mathrm{II}$：两家企业均愿意合作减排。因此，两家企业均需要付出沟通成本，但由于政府支持合作减排，因此政府不仅会对分销商的独立减排量进行补贴，还会对分销商的合作减排量进行补贴。通过求解纳什均衡，可得到每个参与者的均衡策略解以及利润。

① 工业企业的产量 $q = \dfrac{a - c - p_c e_1}{2}$；碳减排强度 $n = \dfrac{p_c + \sqrt{p_c^2 + 4m^2}}{(a-c)r_1 e_1 - p_c r_1 e_1^2}$；分销

商的分担比例为 $\mu = \dfrac{-p_c + \sqrt{p_c^2 + 4m^2}}{2m}$，独立减排量 $s_2 = \dfrac{m}{r_2}$。

② 工业企业的利润为：

$$\pi_m^{S^1} \mathrm{II} = \left(a - \frac{a - c - p_c e_1}{2} - c \right) \frac{a - c - p_c e_1}{2} + p_c \left(e - e_1 \frac{a - c - p_c e_1}{2} + \frac{p_c + \sqrt{p_c^2 + 4m^2}}{2r_1} \right) -$$
$$\frac{1}{2} r_1 \left(\frac{p_c + \sqrt{p_c^2 + 4m^2}}{2r_1} \right)^2 \left[1 - \left(\frac{-p_c + \sqrt{p_c^2 + 4m^2}}{2m} \right)^2 \right]$$

分销商的利润为：

$$\pi_r^{S^1II} = (1 + \beta_2) \pi_r^0 - \frac{1}{2} r_2 \left(\frac{m}{r_2} \right)^2 - \frac{1}{2} r_1 \left(\frac{m}{r_1 e_1} \right)^2 + m \left(\frac{m}{r_1 e_1} + \frac{m}{r_2} \right)$$

社会福利：

$$\max \pi_g^{S^1II} = \pi_m^{S^1II} + \pi_r^{S^1II} + \gamma_2 \left(\frac{p_c + \sqrt{p_c^2 + 4m^2}}{2r_1} + \frac{m}{r_2} \right) - m \left(\frac{m}{r_1 e_1} + \frac{m}{r_2} \right)$$

由此我们可以计算出各种情况下社会福利的差值：

$$\max\pi_g^{\text{S1II}} - \max\pi_g^{\text{NN}} = \frac{-2p_c\gamma_2 + (p_c+2\gamma_2)\sqrt{p_c^2+4m^2} - 2\left(1+\dfrac{r_1}{r_2}\right)m^2 - p_c^2 + 4\beta_2\pi_r^0 r_1 + 4\dfrac{\gamma_2 r_1}{r_2}m}{4r_1};$$

$$\max\pi_g^{\text{S1II}} - \max\pi_g^{\text{S0NN}} = \frac{-2p_c\gamma_2 + (p_c+2\gamma_2)\sqrt{p_c^2+4m^2} - 2m^2 - p_c^2 + 4\beta_2\pi_r r_1}{4r_1};$$

$$\max\pi_g^{\text{S0NN}} - \max\pi_g^{\text{NN}} = \frac{-m^2+2\gamma_2 m}{2\gamma_2}。$$

可以看出，政府支持合作减排的补贴政策有利于双方实现合作减排，且相比较不合作时的社会福利，此时的社会福利有所增加。而在双方不合作时，政府补贴力度满足 $0 < m < 2\gamma_2$ 时，社会福利会增加。

其次，基于演化博弈理论研究三方博弈的长期行为，分析政府、工业企业和分销商之间的演化博弈。工业企业和分销商的决策选择以及概率表示和前文相同，新加入第三个博弈方政府面临两个选择：支持合作减排和不支持合作减排。假设政府支持合作减排和不支持合作减排的概率为 z 和 $(1-z)$。

政府、工业企业和分销商三方的复制动态方程：

$$F(x) = x(1-x)\left\{ zy\left[p_c s_1 - p_c s_1'' - \frac{1}{2}r_1 s_1^2 (1-\mu^2) + \frac{1}{2}r_1 s_1''^2 (1-\mu^2) \right] + \right.$$
$$\left. y\left[-\frac{1}{2}r_1 s_1''^2 (1-\mu^2) + \frac{1}{2}r_1 s_1'^2 + p_c(s_1''-s_1') + C_m \right] - C_m \right\} \quad (6\text{-}8)$$

$$F(y) = y(1-y)\left\{ zx\left[-\frac{1}{2}r_1(\mu s_1)^2 + \frac{1}{2}r_1(\mu s_1'')^2 + m\mu s_1 \right] + \right.$$
$$\left. x\left[-\frac{1}{2}r_1(\mu s_1'')^2 + \beta_2\pi_r^0 + C_r \right] - C_r \right\} \quad (6\text{-}9)$$

$$F(z) = z(1-z)\left\{ yx\left[p_c s_1 - p_c S_1'' - \frac{1}{2}r_1 s_1^2 + \frac{1}{2}r_1 s_1''^2 + \gamma_2(s_1-s_1'') \right] \right\} \quad (6\text{-}10)$$

式中，$s_1 = ne_1 q$；$s_1' = n'e_1 q$；$s_1'' = n''e_1 q$。

基于复制动态系统的进化稳定性策略。在本部分中，我们提出了在政府、工业企业和分销商相互作用下的演化稳定策略分析。为此，本书首先将三个复制动态方程整合在一起，构建了合作减排的三方复制因子动力学系统。

由 $F(x)=0$，$F(y)=0$，$F(z)=0$ 可得系统均衡点：$E_1(0, 0, 0)$，$E_2(0, 0, 1)$，$E_3(0, 1, 1)$，$E_4(0, 1, 0)$，$E_5(1, 1, 0)$，$E_6(1, 0, 0)$，$E_7(1, 0, 1)$，$E_8(1, 1, 1)$。

我们利用系统的雅可比矩阵来分析每个纳什均衡解的稳定性，如下所示：

$$J = \begin{pmatrix} J_1 & J_2 & J_3 \\ J_4 & J_5 & J_6 \\ J_7 & J_8 & J_9 \end{pmatrix} = \begin{pmatrix} \partial F(x)/\partial x & \partial F(x)/\partial y & \partial F(x)/\partial z \\ \partial F(y)/\partial x & \partial F(y)/\partial y & \partial F(y)/\partial z \\ \partial F(z)/\partial x & \partial F(z)/\partial y & \partial F(z)/\partial z \end{pmatrix} \quad (6\text{-}11)$$

由此看出当 $-\frac{1}{2}r_1 s_1''^2 (1 - \mu^2) + \frac{1}{2}r_1 s_1'^2 + p_c (s_1'' - s_1') > 0$，$-\frac{1}{2}r_1 (\mu s_1'')^2 + \beta_2 \pi_r^0$ > 0，$(p_c + \gamma_2)(s_1 - s_1'') - \frac{1}{2}r_1 (s_1^2 - s_1''^2) < 0$ 时，$(1,1,0)$ 为系统演化稳定点，即此时即使政府不补贴，企业双方也会进行合作。

当 $p_c (s_1 - s_1') + \frac{1}{2}r_1 \mu^2 s_1^2 > 0$，$-\frac{1}{2}r_1 (\mu s_1)^2 + m\mu s_1 + \beta_2 \pi_r^0 > 0$ 且 $(p_c + \gamma_2)(s_1 - s_1'') - \frac{1}{2}r_1 (s_1^2 - s_1''^2) > 0$ 时，$E_8 (1,1,1)$ 为系统演化稳定点，即当企业减排给社会带来足够高的绿色效益时，政府也会愿意对企业合作减排进行补贴。

6.4 算 例 分 析

本部分用数值分析检验上述模型结果。参数依据本书模型并结合现实情况进行假设，假设现存一家参与碳市场的工业企业和其下游分销商两家企业，其中工业企业负责生产绿色产品，而分销商负责销售绿色产品且不受碳配额约束，两家企业处于同一条供应链中，且每家企业都可以选择合作减排或者独立减排。为实现社会福利最大化，政府将为进行减排的分销商提供补贴。根据 Xu et al. (2017) 和 Wang et al. (2015) 的相关数据选择一部分基本参数值，其中 $e = 200$ 吨/年，单位产品排放量为 $3tCO_2$/单位，$r_1 = 4$，$r_2 = 2$。根据调查，全国碳排放交易市场的碳价格 p_c 在 $0 \sim 100$ 元不等。其他参数依据本章模型并结合现实情况进行假设，相关参数如表 6-3 所示。

表 6-3 模型的相关参数

参数	数组1	数组2	数组3	数组4	数组5
p_c	50	(0, 100)	{100, 50}	{100, 50, 10}	{50, 10}
r_1	4	4	{4, 2, 1}	1	1
r_2	2	2			
γ_2	10	(0, 300)	200	200	200
β_2	0.2	0.2	0.2	0.2	0.2
π_r^0	15000	15000	15000	15000	15000
a	100	100			
c	20	20			
e_1	5	5	5	5	5
e	(0, 400)	200			
m	(0, 200)		100	100	{100, 60, 20}
q		30	30	30	30

参数	数组 1	数组 2	数组 3	数组 4	数组 5
n		0.5	0.5	0.5	0.5
s_2		50			
n''		0.3	0.3	0.3	0.3
n'			0.1	0.1	0.1
C_m			100	100	100
C_r			100	100	100
μ			0.5	0.5	0.5

　　第一部分，我们利用数组 1 对短期博弈结果进行仿真分析。如图 6-1 所示，我们绘制出了在没有政府补贴且企业没有合作、政府补贴支持独立减排且企业没有合作和政府补贴支持合作减排且企业合作减排三种情况下的社会福利，可以发现，在企业没有合作时，如果政府补贴支持独立减排时，只有当政府给予的补贴力度处于较小范围内时，社会福利有所增加，但是增加幅度较小。而当双方合作时，政府支持合作减排的补贴处于一定范围内时，相比较初始情况，社会福利出现明显增长，但是当政府补贴过高时，社会福利反而出现损失的情况。这是因为在这种情况下，政府支持合作减排的补贴可以增加供应链总碳减排量，使得工业企业在碳市场中获得更大的收益，同时分销商也获得由于合作带来的绿色品牌收益，最终供应链上下游企业总利润增加，其次碳减排量的增加也为社会带来更多的绿色效益，而当政府补贴过高时，企业减排能力遇到瓶颈，减排成本也随着减排水平急剧高涨，使得企业由于减排带来的额外收益不足以覆盖高额的减排成本，使得社会福利出现损失。因此，政府支持合作减排的补贴可以有效改善社会

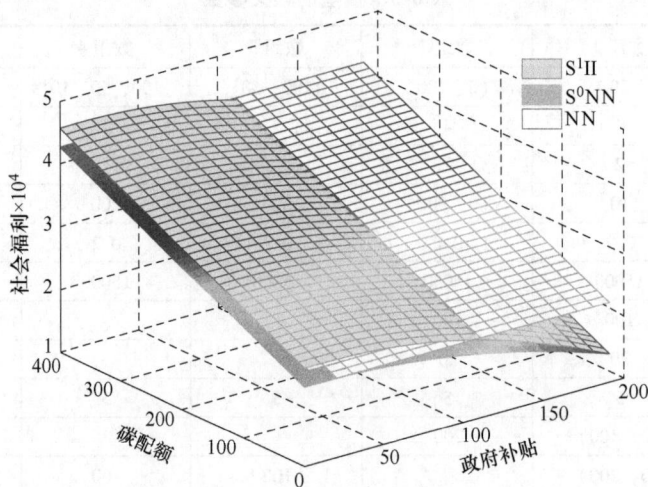

图 6-1　社会福利 m 与 e 和之间的关系

福利，且存在最优补贴值，如图 6-2 所示。但是有效政府补贴需要处于一定范围内，超过该范围的政府补贴会导致社会福利出现损失。

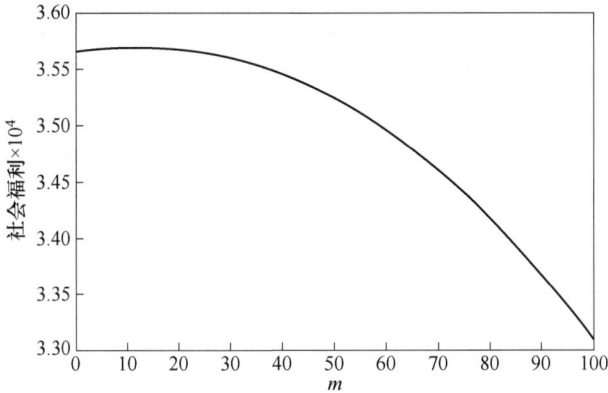

图 6-2 政府补贴下 $e = 200$ 时，企业合作时的社会福利
（图中最优补贴 $m = 11.564$）

第二部分，我们将利用数组而对长期博弈结果进行仿真分析。将数组 2 带入长期博弈中的社会福利函数，结果如图 6-3 所示。结果发现，在长期博弈中，当碳价或者企业减排给社会带来的绿色效益过低时，相比较低于政府仅补贴独立减排时的情况，政府支持合作减排的补贴会降低社会福利。此时，政府不再愿意补贴企业的合作减排。因此，在长期博弈中，工业企业、分销商和政府三方会出现企业双方合作但是政府不会补贴的情况。出现这种情况的原因可能是，在长期博弈中，双方企业最终会趋向进行合作减排的决策，即无论政府是否支持合作减

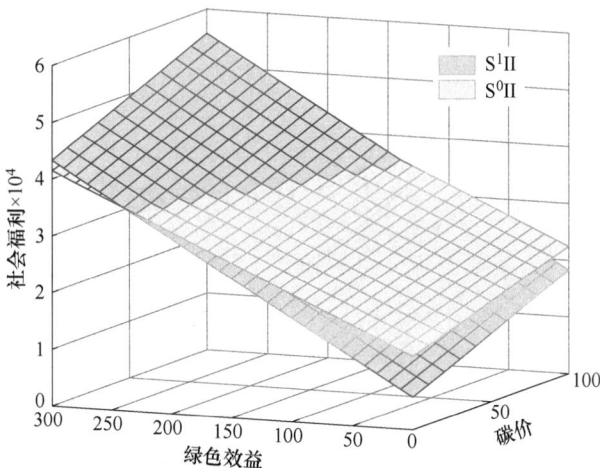

图 6-3 社会福利与绿色效益及碳价之间的关系

排，只要双方合作能够给彼此带来收益，企业都会选择合作减排。但是，对于政府而言，政府补贴的原则需要考虑社会福利的最大化，如果碳市场中的碳价过低，则即使减排量达标，企业的利润也得不到大幅度的增加；或如果企业减排的行为带来的社会效益过低时，即使政府付出成本，给予补贴激励减排也无法改善社会福利。因此，政府应完善市场机制，加大低碳环保宣传，吸引外界低碳投资，才能够实现企业间协同减排，社会福利逐步增长的理想结果。

第三部分，我们分析 r，p_c，m 对演化博弈过程和结果的影响。首先，为分析 r 的变化对演化博弈过程和结果的影响，分析作图如图 6-4 所示。首先基于数

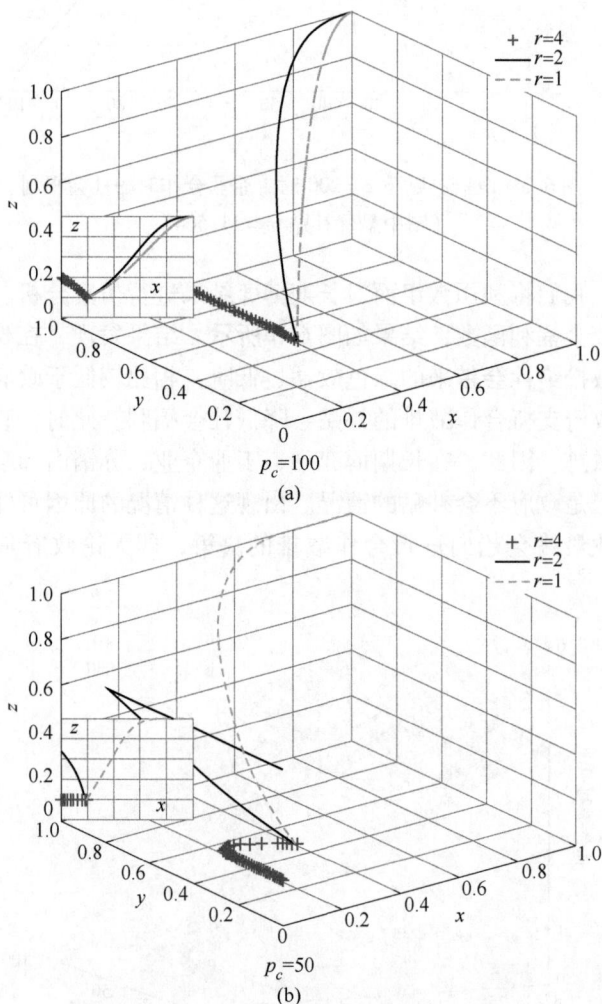

图 6-4 r 的变化对演化博弈过程和结果的影响

（a）当碳价为 100 时三方演化博弈结果；（b）当碳价为 50 时三方演化博弈结果

组 3 将 r 分别赋以 $r=4$，2，1，此时的 $p_c=100$。当 $r=2$，1，系统演化稳定点为 $(1,1,1)$，即工业企业和分销商都愿意合作减排且政府愿意支持，而且随着 r 减小，工业企业的合作意愿的概率在逐渐增加。但是当 r 增加到 4 时，系统演化的稳定点发生变化，不再为点 $(1,1,1)$。即若工业企业减排成本系数过高时，企业无法负担高额的减排成本，此时会阻碍两家企业的合作减排，且政府也不一定愿意支持。再次，将 p_c 值降低为 50 元/吨 CO_2，此时只有当 $r=1$ 时系统才将演化至稳定点 $(1,1,1)$。进一步说明，只有工业企业的减排技术的成本系数处于较低水平时，系统演化稳定的结果才能够达到理想状态。

为分析 p_c 变化对演化博弈过程和结果的影响，基于数组 4 分别赋以 $p_c=10$，50，100，复制动态方程随时间演化 50 次的仿真结果如图 6-5 所示。在演化稳定的过程中，当 μ 较低时（$p_c=10$），系统最终稳定在点 $(0,0,1)$，即政府愿意支持合作减排，但两家企业都不愿意合作。当 p_c 增加到 50 或 100 时，系统的稳定点转向 $(1,1,1)$，即政府愿意支持合作减排，两家企业也愿意合作。且随着 p_c 增加，工业企业愿意合作的概率逐渐增加，分销商合作意愿的概率先上升后开始下降。可见，促进企业之间的合作减排不仅需要合理的合作机制，还需要政府活跃碳市场，将碳价稳定在较高水平。

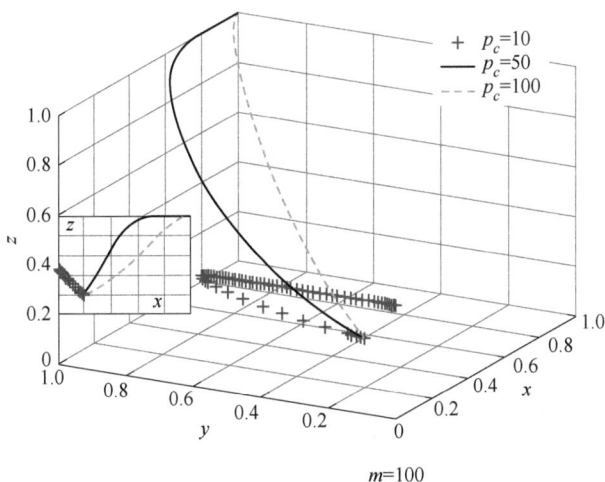

图 6-5 p_c 的变化对演化博弈过程和结果的影响

再者，分析 m 变化对演化博弈过程和结果的影响，基于数组 5 在 $p_c=10$ 和 $p_c=50$ 两种情况下分别将 m 分别赋以 20，60，100，仿真结果如图 6-6 所示。当 $p_c=10$ 时，碳价处于较低水平，此时无论 m 等于何值时，最终的演化结果都不理想，即碳价过低会直接影响双方合作意愿的结果。接着，将 p_c 提高到 50，此时演化过程发生明显改变，当政府补贴无论处于较低或者较高水平时，系统都将演化至稳定点（1,1,1），即两家企业都愿意合作且政府愿意支持，在长期即使较低水平的政府补贴也能有效促进企业间的合作减排。且我们发现，补贴水平的高低不再明显影响企业双方合作意愿概率的变化。因此，在长期内，只有通过活跃碳市场，稳定碳价，政府才能实现以较低的补贴成本来促进双方的企业合作，但是进一步的激励工作需要采取其他的途径来完成。

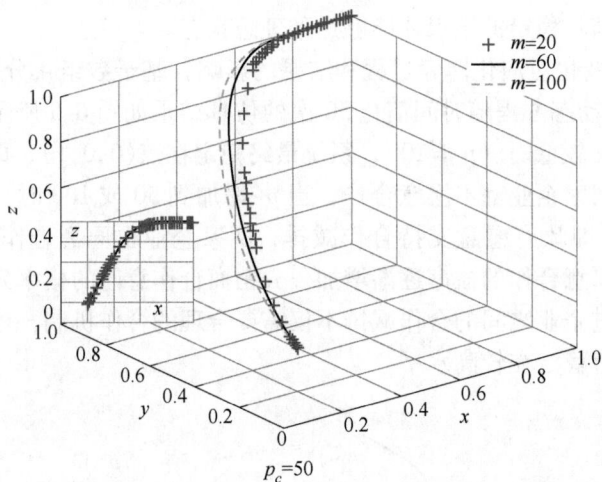

(a)

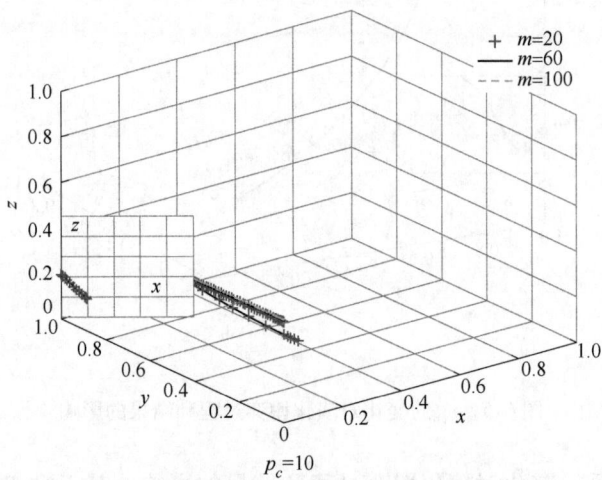

(b)

图 6-6 m 的变化对演化博弈过程和结果的影响

（a）当碳价为 50 时三方演化博弈结果；（b）当碳价为 10 时三方演化博弈结果

6.5 结果讨论与建议

在短期内，没有政府干预和有政府补贴的情况下，工业企业和分销商两家企业都不会选择合作减排。

当政府进行补贴时，仅对分销商独立减排进行补贴，两家企业仍不愿意合作减排，只有额外对分销商的合作减排进行补贴时，两家企业最终会选择合作减排，且支持合作减排的政府补贴能够增加社会福利时，并非补贴力度越大效果越好，而是存在最优补贴，当补贴超过一定值时，社会福利会出现损失。这是因为在这种情况下，政府支持合作减排的补贴可以增加供应链总碳减排量，使得工业企业在碳市场中获得更大的额外收益，同时分销商也获得由于合作带来的绿色品牌收益，最终供应链上下游企业总利润增加，其次碳减排量的增加也为社会带来更多的绿色效益，而当政府补贴过高时，企业减排能力遇到瓶颈，减排成本也随着减排水平急剧高涨，使得企业由于减排带来的额外收益不足以覆盖高额的减排成本，使得社会福利出现损失。

在长期博弈中，如果企业的减排收益足够大时，双方企业在长期也愿意选择合作减排。对政府而言，如果碳市场的碳价或者企业减排带来的社会效益过低时，政府补贴合作减排后的社会福利会出现损失，此时政府则不愿意支持合作减排。

基于以上研究结论，提出以下政策建议：

第一，政府应干预供应链上下游企业的合作减排，并对分销商独立减排和合作减排两部分进行双重补贴，如果补贴不支持合作减排，工业企业和分销商最终不会选择合作减排，且社会福利几乎不会增加。但如果政府补贴支持合作减排，那么两家企业在进行合作减排时的社会福利会出现明显增加。这是因为在这种情况下，政府支持合作减排的补贴可以增加供应链总碳排放量，使得工业企业在碳市场中获得更大的额外收益，同时分销商也获得由于合作带来的绿色品牌收益，最终供应链上下游企业总利润增加，其次碳减排量的增加也为社会带来更多的绿色效益，因此，社会福利会在支持合作减排的政府补贴下有大幅度的增加。

第二，在长期内，当企业减排带来的社会效益不足时，政府支持合作减排的补贴下的社会福利小于支持独立减排补贴下的社会福利，因此，政府可以对企业的碳减排成本提出补贴要求，如减排成本的范围和企业总减排量。

第三，由于工业企业和分销商在政府补贴下能够进行合作，且增加碳减排量。因此，建议政府除了补贴分销商外，还可以增加低碳环保的宣传，以吸引其他企业的绿色技术投资。

6.6　本章小结

　　本章通过构建由政府与供应链上下游两家企业组成的博弈模型进行短、长期分析。首先，采用短期博弈分析比较有无政府补贴两种情况的均衡结果，研究了政府补贴在短期对供应链上下游企业的合作减排协调有何影响？其次，研究在政府补贴情况下，哪种补贴政策在促进双方合作减排和社会福利增长方面更为有效？是否存在最优补贴？最后，本书通过演化博弈理论分析，研究在长期政府补贴下是否还继续增加社会福利。结果发现：第一，在短期内，没有政府补贴的情况下，两家企业都不会选择合作减排。第二，只有政府补贴支持合作减排时，双方企业最终才选择合作减排，且社会福利得到提升，但并非补贴力度越大效果越好，而是存在最优补贴。第三，在长期博弈中，如果企业减排收益足够大，双方企业愿意合作减排。但对政府而言，如果碳市场的碳价或者企业减排带来的社会效益过低时，政府若补贴合作减排，则社会福利会出现损失，此时政府将不会愿意支持合作减排。

7 碳配额约束下企业碳管理的激励与障碍因素分析

"低碳"时代已悄然而至。对于制造业企业而言，竞争力一定要体现时代特征和要求，于是越来越多的"碳"元素引入到企业管理中。在碳交易体系日趋成熟的今天，识别影响碳配额约束下企业碳管理的因素，能够为企业碳管理、政府政策制定提供借鉴，从而达到"绿色制造"的目的。本章从内部和外部两个维度来分析碳配额约束下企业碳管理的激励与障碍因素，同时通过问卷调查和熵值法对各个激励与障碍因素的重要度进行分析。

7.1 企业碳管理影响因素

7.1.1 企业碳管理激励因素

7.1.1.1 企业碳管理内部激励因素

通过文献研究和企业调研，企业碳管理内部激励因素主要包含领导者偏好、企业碳排放目标、企业战略规划、领导者碳信息储备四个方面。

（1）领导者偏好：学者对于领导者偏好对企业节能生产意愿和具体行为具有重要作用的观点已达成共识。领导者对于新理念的适应程度或者接受程度高，并且对于企业的中长期发展有足够的信心和良好的预期，能够坚信节能减排能够为企业带来长期的经济效益，因而具有碳管理的意识与理念，激励企业实施碳管理。

（2）企业碳排放目标：在碳配额的约束下，政府制定或政府指导企业制定碳排放目标，有利于激励企业进行碳管理，优化管理模式，引导制造企业形成新的低碳竞争力，转变固有的发展理念，开发并保有更多的低碳资源。

（3）企业战略规划：如果企业管理能够以降低碳排放为发展方向、战略目标，不仅能够实现节能减排、绿色制造，还有利于企业把握未来发展的先机。企业将节能减排、绿色制造纳入企业战略规划当中，必然需要实施相应的碳管理，以实现战略目标，极大提升企业竞争力，同时提升企业在国内外市场占有率；企业将节能减排、绿色制造纳入企业战略规划当中，这样的企业应该具有更强的社会环境责任，低碳生产的意愿应该相对更强。

（4）领导者碳信息储备：领导者对于碳交易体系及各种机制、碳市场碳价波动、企业碳排放情况的了解程度影响企业碳管理决策的实施。领导者碳信息储备充足一定程度上激励企业进行碳管理，相反，如果领导者对于碳信息不了解、不关注，那么领导者所在企业也必然不重视碳管理。

7.1.1.2　企业碳管理外部激励因素

企业碳管理外部激励因素主要包含合作与竞争企业碳管理、政府政策、消费者环保意识三个方面。

（1）合作与竞争企业碳管理：合作企业之间进行内部碳减排，能够带来经济效益，这使得越来越多的企业选择合作伙伴时看重碳排放量，促进企业实施碳管理，推动碳减排；竞争企业之间，为实现自身低碳竞争力的提升，获得政府、利益相关方等的认可，必将加快自身碳减排能力提升，进行更具有质量的碳管理。

（2）政府相关政策：政府对企业施加了越来越大的压力，使公司参与到环保行动中来。国家构建碳交易体系，企业完成排放若有剩余企业可以将其放到市场进行交易，获取利润；反之，超过排放配额的企业需要购买排放权，否则将会受到重罚。由此可见，政府政策一般分为激励性政策和限制性政策两类：一种是激励性政策，政府针对企业实施的减排生产激励性政策体系能够引导企业进行低碳生产，如基金支持、技术补贴、碳减排奖励、低碳技术创新、低碳技术推广应用和低碳技术创新财政资金等，政府政策激励企业碳管理；另一种是限制性政策，政府强制性政策体系是企业采用低碳相关生产行为的重要驱动力。例如，在政府作出规范环境管理的强制性制度安排后，我国钢铁生产企业低碳生产行为不同程度地得到了改善。

（3）消费者环保意识：近年来，随着科学研究的不断发展进步，产品及服务在制造、流通等过程中的碳排放实现量化，消费者随着生活水平不断提高，低碳偏好的不断增强，导致现有国内外市场中对低碳产品的需求不断增长，尤其是京津冀地区对低碳产品的需求更加强烈，这对企业经营模式的转变起到一定的推动作用，在这种推动下，企业迫于压力，将改善原有高耗管理模式，激励高质量的碳管理，减少碳排放。

7.1.2　企业碳管理障碍因素

7.1.2.1　企业碳管理内部障碍因素

企业碳管理内部障碍因素主要包含企业规模、企业性质、节能减排成本、企业固有文化四个方面。

（1）企业规模：研究表明，与大型工业企业相比，少于500人的中小企业低碳生产意愿与行为表现相对欠缺。但大型企业管理层级多、组织结构庞大、沟通成本高，这将不利于企业短时间内实现绿色制造、绿色生产，一定程度上影响其碳管理。

（2）企业性质：现阶段对目标市场在国内的部分民营企业与股份合作企业而言，对正在或即将面临的碳标签与碳税等意识并不强烈；多数处于传统产业中的国有企业能源消耗多，碳排放量较大，但国有企业规模效益高、低碳技术革新空间大、成本低、创新研发及污染处理能力足，更是政府政策推动的重心。国有成分的提升能够促进碳减排，这也是民营企业和股份合作企业所欠缺的。

（3）节能减排成本：对于制造业而言，实施企业碳管理需要调整自身的能源结构，这就要求企业拥有相匹配的技术与专业人力团队，三者均需要大量的资金投入，成本相对较高，一定程度上影响企业的效益，同时加大了企业经营风险，因而节能减排成本在一定程度上会负向影响企业碳管理。

（4）企业固有文化：企业文化是企业领导和员工的一种共同价值观、人生观、社会观和行为规范等各种因素的集合，是企业精神的一种积淀，对企业员工具有强烈的号召力和感染力，能够提升企业的凝聚力、给企业带来价值，被其他企业学习或模仿的可能性很低。但与此同时，企业文化的固有性、沉淀性导致其不易被改变，阻碍企业的革新，一定程度负向影响企业碳管理。因而，应大力发展低碳文化，增强企业低碳观念，转变企业经营管理模式，推动企业碳管理。

7.1.2.2 企业碳管理外部障碍因素

企业碳管理外部障碍因素主要包含产品上下游流通限制、区域内（如京津冀）地方政府政策统一程度两个方面。

（1）产品上下游流通限制：制造业是将资源制造成为能够直接使用的产品的行业，若企业上游即资源提供方不能满足低碳标准或低碳资源成本较高、下游即产品销售或购买方由于碳意识不强或节约成本不愿引进低碳产品，那么将对企业低碳生产、绿色制造产生障碍，一定程度上影响企业碳管理的实施。因而应注重产业链整体的碳减排量、绿色制造程度。

（2）区域内地方政府政策统一程度：一般而言，政策引导性或规定性作用视政策内容而定，而区域内各省市的政府政策统一程度决定了政策内容的重叠覆盖程度，这将影响企业碳管理具体的目标与方向，在一定程度上阻碍企业碳管理的实施。因而，京津冀一体化程度需要在政策上做到统一，这样才能便利企业跨省市管理、生产与流通。

以上讨论的企业碳管理激励与障碍因素汇总见表7-1。

表7-1 企业碳管理激励与障碍因素

企业碳管理	内 部 因 素	外 部 因 素
激励因素（Y）	领导者偏好（Y_1） 企业碳排放目标（Y_2） 企业战略规划（Y_3） 领导者碳信息储备（Y_4）	合作/竞争企业碳管理（Y_5） 政府相关政策（Y_6） 消费者环保意识（Y_7）

企业碳管理	内 部 因 素	外 部 因 素
障碍因素（N）	企业规模（N_1） 企业性质（N_2） 节能减排成本（N_3） 企业固有文化（N_4）	产品上下游流通限制（N_5）
		区域内地方政府政策统一程度（N_6）

7.2　问卷设计检验

7.2.1　问卷设计与调查描述

本节采用问卷调查方法对企业碳管理的激励与障碍因素进行研究，针对激励与障碍因素设计了调查问卷，共设计关于激励因素、障碍因素、企业信息三个维度 46 个问题，问卷采用七分量表，每一个问题划分为 7 个层次，即"非常同意""同意""比较同意""中立""比较不同意""不同意""非常不同意"，分别赋值 7 分、6 分、5 分、4 分、3 分、2 分、1 分，采用算术平均的处理方式计算各个因素的赋值。本次问卷调查对象是京津冀部分制造业企业负责人、专家，涵盖中小型和大型企业，通过问卷发放填写的方式进行问卷作答，发放问卷 26 份，实际回收 26 份，均为有效问卷，有效回收率为 100%。企业碳管理激励与障碍因素问卷见附录。

7.2.2　问卷可靠性检验

为了对问卷的质量进行检验，本节运用软件 SPSS 26.0 对所获取的数据进行可靠性检验，其检验结果如表 7-2 所示。

表 7-2　问卷数据可靠性检验

因素分类	因 素 名 称	Cronbach'α 值
激励因素（Y）	领导者偏好（Y_1）	0.806
	企业碳排放目标（Y_2）	0.067
	企业战略规划（Y_3）	0.885
	领导者碳信息储备（Y_4）	0.944
	合作/竞争企业碳管理（Y_5）	0.647
	政府相关政策（Y_6）	0.806
	消费者环保意识（Y_7）	1.000

因素分类	因 素 名 称	Cronbach'α 值
障碍因素（N）	企业规模（N_1）	1.000
	企业性质（N_2）	1.000
	节能减排成本（N_3）	0.675
	企业固有文化（N_4）	1.000
	产品上下游流通限制（N_5）	1.000
	京津冀地方政府政策统一程度（N_6）	0.747

经检验有部分信息不符合信度要求，将这部分信息剔除，对问卷信息进行纠正，删减部分问题，并剔除"企业碳排放目标（Y_2）"这一影响因素，得出最终检验结果如表 7-3 所示，问卷信息的 Cronbach'α 值均大于 0.80，满足要求，因而该问卷具有较高的可靠性。

表 7-3　修正后的问卷数据可靠性检验

因素分类	因 素 名 称	Cronbach'α 值
激励因素（Y）	领导者偏好（Y_1）	0.857
	企业战略规划（Y_3）	0.889
	领导者碳信息储备（Y_4）	0.969
	合作/竞争企业碳管理（Y_5）	0.891
	政府相关政策（Y_6）	0.842
	消费者环保意识（Y_7）	1.000
障碍因素（N）	企业规模（N_1）	1.000
	企业性质（N_2）	1.000
	节能减排成本（N_3）	0.924
	企业固有文化（N_4）	1.000
	产品上下游流通限制（N_5）	1.000
	京津冀地方政府政策统一程度（N_6）	0.950

7.3　企业碳管理的激励与障碍因素实证分析

本节运用熵值法对企业碳管理的激励与障碍因素进行分析，设 X_{ij} 为第 i 份问卷第 j 项因素的赋值，其中 $i = 1,2,\cdots,26$；$j = 1,2,\cdots,13$，$m = 26$，$n = 13$；经过式

（7-1）计算比重、式（7-2）计算熵值、式（7-3）计算差异性系数、式（7-4）计算指标权重，得出 13 个激励与障碍因素的熵值 e_j、差异性系数 g_j 和权重 w_j，其结果如表 7-4 及图 7-1 所示。

$$P_{ij} = \frac{x_{ij}}{\sum\limits_{i=1}^{m} x_{ij}} \quad (1 \leqslant j \leqslant n) \tag{7-1}$$

$$e_j = -\frac{1}{\ln m} \sum\limits_{i=1}^{m} P_{ij} \quad (1 \leqslant i \leqslant m,\ 0 \leqslant e_i \leqslant 1) \tag{7-2}$$

$$g_j = 1 - e_j \quad (0 \leqslant g_j \leqslant 1) \tag{7-3}$$

$$W_j = \frac{g_i}{\sum\limits_{i=1}^{m} g_i} \quad (0 \leqslant g_i \leqslant 1,\ w_1 + w_2 + \cdots + w_j = 1) \tag{7-4}$$

表 7-4　企业碳管理激励与障碍因素的熵值和权重表

因　素　名　称	熵值 e_j	差异性系数 g_j	权重 w_j
领导者偏好（Y₁）	0.998	0.002	0.011
企业战略规划（Y₃）	0.993	0.007	0.045
领导者碳信息储备（Y₄）	0.974	0.026	0.168
合作/竞争企业碳管理（Y₅）	0.990	0.010	0.066
政府相关政策（Y₆）	0.997	0.003	0.018
消费者环保意识（Y₇）	0.990	0.010	0.062
企业规模（N₁）	0.979	0.021	0.136
企业性质（N₂）	0.963	0.037	0.239
节能减排成本（N₃）	0.988	0.012	0.075
企业固有文化（N₄）	0.989	0.011	0.070
产品上下游流通限制（N₅）	0.989	0.011	0.069
京津冀地方政府政策统一程度（N₆）	0.994	0.006	0.040

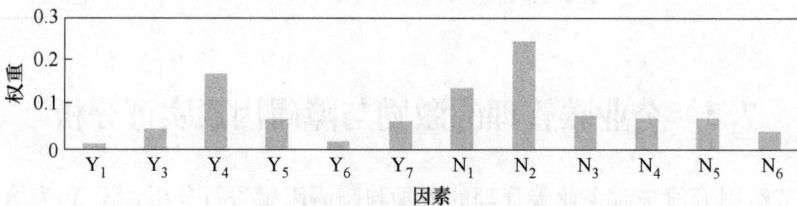

图 7-1　企业碳管理激励与障碍因素权重

由表7-4中企业碳管理激励与障碍因素权重可以看出，主要激励因素有领导者碳信息储备、合作/竞争企业碳管理以及消费者环保意识，其权重值均在0.06之上。领导者碳信息储备是企业实施碳管理的必要条件，领导者具备碳排放常识、碳交易规制将有助于做出相应决策，从而促进碳管理的实施。合作/竞争企业实施碳管理大大提升其自身的碳竞争力，对于合作企业而言，会影响、推动甚至要求企业实施碳管理，否则停止合作，对于竞争企业，其相互竞争之间包含企业形象、政企关系等方面的较量，那么随着碳意识的提升，碳竞争力成为企业竞争力中的重要一环，促进企业碳管理。消费者环保意识方面，针对制造业而言，消费者是产品的终极目标群体，那么其选择产品的标准很大程度决定了制造业企业生产的标准，尤其是近年来消费者环保意识的提升，极大程度上促进了产品低碳化，有利推动企业绿色转型和碳管理实施。

企业碳管理主要障碍因素有企业性质、企业规模以及节能减排成本，其权重均在0.07之上。企业性质方面，民营与股份合作企业的低碳生产效率等要高于国有企业，但国有企业规模效益高、低碳技术革新空间大、成本低、创新研发及污染处理能力足，更是政府政策推动的重心，国有成分的提升能够促进碳减排，这也是民营企业和股份合作企业所欠缺的。由此可见，不同企业性质具有不同的障碍因素，因而"对症下药"方可起到效用。企业规模方面，中小型企业缺少持续性研发投入的保障以及资源获取的优势，但是其组织架构简单、沟通成本较低、技术整改较为便捷，这是大型企业所不具备的，因而不同企业规模也有其不同的阻碍企业碳管理的方面。节能减排成本方面，首先，能源结构方面，企业能源结构一定程度决定单品碳排放强度，优化能源结构对促进企业碳减排影响重大，但能源结构转变对于企业而言，需要新的能源渠道，能源获取成本提升；其次，技术创新方面，能源结构的优化需要企业具备一定的技术条件，通过多方面的技术创新才能够改善企业的能源结构，才有可能真正实施节能减排生产，低碳技术是企业减少排放、实现低碳化的重要举措和必要手段，可以优化能源结构，促使企业更新设备，进而推动企业低碳发展，但企业的技术条件与科技研发投入有着必然联系，因而技术投入成本较高；最后，人力资本方面，企业碳竞争力的核心是资源低碳配置能力，低碳型相关人才是企业低碳发展的前提，那么就要求企业在发展过程中将碳减排意识融入人力资本管理当中，在人力资源体系中纳入低碳生产工人、低碳研发团队、碳管理人员等的招聘及培养，这也将提高企业节能减排成本。

7.4 结果讨论与建议

通过熵值法确定的各个因素权重得出主要影响因素，其中主要激励因素包含内部激励因素中的领导者碳信息储备、外部激励因素中的合作/竞争企业碳管理和消费者环保意识，主要障碍因素包含内部障碍因素中的企业规模、企业性质和节能减排成本，而外部障碍因素均不作为主要障碍因素。基于此，提出以下政策建议：

（1）政府针对京津冀区域制造业企业进行相关培训，包含碳信息储备培训、行业发展现状培训等，使得领导者增加碳信息储备，了解行业目前碳排放及管理情况，获得合作/竞争企业的碳管理信息，从而促进企业实施碳管理。

（2）政府相关部门定期收集并发布碳管理表现良好企业的相关信息，强调碳管理实施的重要性及必要性，或者建立相应的官方网站供企业查询、借鉴，以此加强企业领导者碳管理意识、便利企业领导者获取前沿信息。

（3）推出针对中小型企业的政策，中小型企业缺少研发资金、技术支撑，缺少相关的资源、信息获取渠道，因而，如果政府能够给予中小型企业资金支持来进行技术研发升级，或者推动高校、研究院与企业进行技术合作，帮助中小型企业拓宽渠道，减轻中小型企业碳管理成本。

7.5　本章小结

通过文献检索和研究，企业碳管理激励因素的内部因素主要包含领导者偏好、企业碳排放目标、企业战略规划和领导者碳信息储备四个方面，外部因素主要包含合作和竞争企业碳管理、政府政策、消费者环保意识三个方面；就企业碳管理障碍因素而言，内部因素主要包含企业规模、企业性质、节能减排成本、企业固有文化四个方面，外部因素主要包含产品上下游流通限制、区域地方政府政策统一程度两个方面。通过对京津冀部分制造业企业负责人和专家的调查问卷获取数据，并采用熵值法进行分析，得出主要激励因素包含内部激励因素中的领导者碳信息储备、外部激励因素中的合作/竞争企业碳管理和消费者环保意识，主要障碍因素包含内部障碍因素中的企业规模、企业性质和节能减排成本，而外部障碍因素均不作为主要障碍因素。

8 碳交易机制下京津冀制造业
可持续发展评价

碳交易机制虽然直接作用于温室气体减排，但是其实现减排的过程中也包括对创新驱动、集约高效、环境友好、惠及民生和经济增长等的推动作用。因此，本章从可持续发展的角度对碳配额机制下的京津冀制造业进行全面的评估，首先通过大量文献阅读整理制造业可持续发展评价指标，并从经济、社会、环境三个维度对指标进行筛选；其次，运用全局主成分分析法（GPCA），建立动态多准则决策模型，构建可持续绩效评价指标体系；最后，将所建立的评价指标体系应用于京津冀的制造业企业，根据结果深入探讨三个地区可持续发展的成效，分析内在原因，并据此为政府提供相应的政策建议。

8.1 京津冀制造业可持续评价指标体系的指标筛选

自从提出可持续的概念以来，政府和学者就已经超越了经济利益的范畴，开始考虑国家、产业和企业的发展模式。Elkington（1997）基于三重底线（TBL）的框架提出了一种方法，该框架包含经济、社会和环境三部分。TBL 理论提倡不仅要从经济影响上评估可持续发展水平，而且要从社会和环境影响上评估（Krajnc et al.，2005；Mainali et al.，2015；Valenzuela-Venegas et al.，2016）。

基于 TBL 理论，本部分采取多指标评价方法对京津冀地区制造业的可持续发展绩效进行评估。结合可持续发展在经济、社会和环境绩效方面的要求，本研究提出了一个指标体系以体现工业部门的发展目标，即创新驱动、集约高效、环境友好、惠及民生和经济增长（表8-1）。正号代表正向指标，数值越大越好，而负号代表负向指标，数值越小越好。经济、社会和环境方面的指标将在下列分节中分别阐述。

表 8-1 京津冀制造业企业可持续发展绩效评估指标

发展目标	经　　济	社　　会	环　　境
经济增长	每 GDP 中的 IVA （+）		
	人均 IVA （+）		
	全体员工的劳动生产率 （+）		
	IVA 增长 （+）		

发展目标	经　　济	社　　会	环　　境
集约高效	能源强度（－）		
	用水强度（－）		
惠及效益		工业就业贡献率（＋）	
		年平均收入（＋）	
创新驱动	研发强度（＋）	研发人员的比率（＋）	
		具有研发活动的企业比率（＋）	
环境友好			废水排放强度（－）
			SO_2 排放强度（－）
			NO_x 排放强度（－）
			烟尘排放强度（－）
			有害固体废物（－）
			可吸入颗粒物（－）
			符合超过两项空气质量标准的天数的比率（＋）

8.1.1　经济层面的指标

可持续发展的本质要求考虑社会和环境影响来维持经济发展。经济发展仍然是制造业企业最重要的目标，特别是在发展中国家。经济维度的指标应包括产业效益绩效，资源利用效率（Garbie，2014）和成本。具体而言，IVA 的增长（Vithayasrichareon et al.，2012）和人均 IVA（Voces et al.，2012）可以直接反映制造业企业的效益。此外，制造业企业对区域 GDP 的贡献对于可持续绩效评估也很重要，可以通过每 GDP 的 IVA 来衡量（Shen et al.，2015）。在资源利用效率方面，选择全体员工的劳动生产率（Kopacz et al.，2017）、能源强度和用水强度作为其指标。通过参考以往文献，其中的成本绩效，运营成本绩效通常用于微观层面的可持续绩效（Abdul-Rashid et al.，2017），无法在制造业层面进行衡量。因此，结合制造业企业的创新需求，选择研发强度（Li et al.，2012；Joung et al.，2013）作为反映成本的指标。根据该领域的文献，经济层面包括以下七个指标：

（1）IVA/GDP：制造业企业的 IVA/区域 GDP；反映制造业企业在区域经济中的地位。

（2）人均 IVA：IVA/区域人口。

（3）全体员工的劳动生产率：IVA/区域总就业人数；反映技术水平、管理水平、技能水平和劳动积极性的综合表现。

（4）IVA增长：（当年的IVA－上一年的IVA）/上一年的IVA；反映了IVA的增长速度。

（5）能源强度：能源消耗量/IVA；反映碳交易影响下制造业企业单位工业增加值的化石能源消耗的变化。

（6）用水强度：用水量/IVA；反映用水的经济效益。

（7）研发强度：研发费用/主营业务收入；反映制造业企业在科技创新方面的努力。

在京津冀区域中，单位GDP中的IVA、人均IVA、全体员工劳动生产率以及IVA的增长反映了制造业企业满足经济增长方面的水平；能源和用水的强度反映了制造业企业是否以高效集约的方式发展；研发强度反映了创新驱动的需求。

8.1.2 社会层面的指标

社会层面的指标与公司对员工待遇的态度有关，通常通过薪水和就业率来衡量。因此，选择了制造业就业贡献率（Sureeyatanapas et al.，2015）和平均年收入（Sharma et al.，2015；Buys et al.，2014）作为社会维度的指标。同时，社会绩效还应包括制造业企业对社会体制的影响。在本节中，选择研发人员的比率（Lee et al.，2015）和具有研发活动的企业比率（Singh et al.，2012；Voces et al.，2012）作为指标可以反映制造业企业在推动整个社会创新发展中的作用。社会层面包括以下四个指标：

（1）制造业就业贡献率：制造业就业人数/区域总就业人数；反映制造业企业对社会就业的贡献。

（2）年平均收入：该指标反映了制造业从业人员的收入水平。

（3）研发人员比率：制造业企业研发人员人数/制造业企业总就业人数；反映制造业企业对于研发人员的需求。

（4）具有研发活动的企业比率：具有研发活动的企业数/区域企业总数。

在四个指标中，制造业就业贡献率和年平均收入反映了惠及民生的要求；研发人员比率和具有研发活动的企业比率反映了创新驱动的需求。

8.1.3 环境层面的指标

环境的减排绩效与制造业对环境的影响有关。它反映了京津冀制造业企业对环境友好的要求。在本研究中，该维度包含以下七个指标：废水排放强度（Yakovleva et al.，2012），二氧化硫（SO_2）排放强度（Long et al.，2016），氮氧化物（NO_x）排放强度（Salvado et al.，2015），烟尘（粉尘）排放强度（Eleonora et al.，2017）和危险固体废物排放强度（Feil et al.，2017）是反映制造业企业废物排放率的指标；可吸入颗粒物和空气质量良好的天数比率反映了制造业燃煤消耗对区域空气质量的影响。

8.2   碳交易机制下京津冀制造业企业可持续绩效评价方法

静态 PCA 方法已广泛应用于研究对象在某一点的评价，该方法的核心思想是减少维度，即在不丢失大量信息的情况下，找到较少的变量来描述原始数据。通过线性变化，将原始数据转换为成对的线性独立变量集，总方差保持不变。假设原始数据由 nm 维向量组成，则变量矩阵为 $X = (x_1, x_2, \cdots, x_m)^T$。静态 PCA 的目标是找到 k 个新变量 $(k < m) p_1, p_2, \cdots, p_k$，这些变量可以解释原始数据中包含的信息。在评估京津冀制造业企业的减排绩效时，可以将其简化如下：

$$CS_t = \lambda(L)f_t + \varepsilon_t \tag{8-1}$$

式中，CS_t 为时间 t 各地区制造业企业的综合得分；f_t 为 18 个指标变量 $(f_1, f_2, \cdots, f_{18})$ 的向量；$\lambda(L)$ 为静态 PCA 模型估计的系数矩阵。这里不使用回归分析，而是通过正交变换生成未知权重的矩阵。此过程将原始数据转换为一组新向量，即主成分，其方式是从原始数据继承最大可能方差。各组成分都是原始变量的线性组合。

静态 PCA 仅用于由评估对象和指标生成的横截面数据，而没有考虑时间序列。但是由于减排绩效是一个动态而全面的概念，因此京津冀制造业企业的减排绩效评估不仅应着眼于某个时间点的发展状况，而且还应考虑其状态随时间的变化。在本节中，评估涉及 TBL 维度和各维度的跨时间变化的信息。京津冀区域每年有一个相似的横截面数据表，表中对象和指标相同。如果将静态 PCA 方法分别应用于每个横截面数据表，则由于不同的横截面数据主成分平面不同，因此无法比较结果。为了对三维动态数据系统进行评价，应用了 GPCA 方法。

GPCA 方法的思想是运用静态 PCA 生成评估对象的新指标，再对新指标进行时间序列分析，得出评估对象在时间范围内的综合绩效。京津冀制造业企业的减排绩效评估可以简化为等式（8-1）和等式（8-2）：

$$F_t = \psi(L)f_{t-1} + \eta_t \tag{8-2}$$

式中，$\psi(L)$ 为描述各因素的跨时间变化的结构函数。等式（8-1）和等式（8-2）中的 ε_t 和 η_t 是独立误差项，假定它们相同且独立分布。假定 $\psi(L)$ 和 $\lambda(L)$ 相互独立（Zhang et al.，2015）。

在使用 GPCA 方法之前，需要建立时序立体数据表。为了解决截面数据的统一性和可比性问题，应将不同时间的横截面数据合并成统一的顺序三维数据表，并通过静态 PCA 进行进一步分析。平面数据表由多个评估表的不同指标组成。

考虑到时间发展，将不同时间点的平面数据表按顺序堆叠，称为时序立体数据表。时序立体数据表的实质是对二维数据在时间维度上的扩展，其中包括评估对象、指标、时间序列的三维数据。如表 8-2 所示，在时间序列立体数据表中，t_p $(p=1,2,\cdots,7)$，$A_n(n=1,2,3)$ 和 $x_m(m=1,2,\cdots,18)$ 分别表示年份、评估对象和指标。因此，$x_{nm}(t_p)$ 表示评价对象 n 在 p 年的指标 m 的值。

表 8-2　时间序列立体数据表

	t_1	t_2	$\cdots$	t_p
	$f_1,f_2,\cdots,f_m$	$f_1,f_2,\cdots,f_m$	$\cdots$	$f_1,f_2,\cdots,f_m$
A_1	$x_{11}(t_1),x_{12}(t_1),\cdots,x_{1m}(t_1)$	$x_{11}(t_2),x_{12}(t_2),\cdots,x_{1m}(t_2)$	$\cdots$	$x_{11}(t_p),x_{12}(t_p),\cdots,x_{1m}(t_p)$
A_2	$x_{21}(t_1),x_{22}(t_1),\cdots,x_{2m}(t_1)$	$x_{21}(t_2),x_{22}(t_2),\cdots,x_{2m}(t_2)$	$\cdots$	$x_{21}(t_p),x_{22}(t_p),\cdots,x_{2m}(t_p)$
$\vdots$	$\vdots$	$\vdots$		$\vdots$
A_n	$x_{n1}(t_1),x_{n2}(t_1),\cdots,x_{nm}(t_1)$	$x_{n1}(t_2),x_{n2}(t_2),\cdots,x_{nm}(t_2)$	$\cdots$	$x_{n1}(t_p),x_{n2}(t_p),\cdots,x_{nm}(t_p)$

建立时间序列立体数据表后，由于不同的指标通常有不同的度量单位，需要对指标进行标准化处理，将其转换为相同的量表。同时，应对负向指标进行转换，确保与正向指标趋势一致。因此，正向指标的转换公式如下：

$$v_{ij}^*(t_p) = \frac{x_{ij}(t_p) - \min\limits_{i,j}\{x_{ij}(t_p)\}}{\max\limits_{i,j}\{x_{ij}(t_p)\} - \min\limits_{i,j}\{x_{ij}(t_p)\}} \quad (i \in (1,2,\cdots,n), j \in (1,2,\cdots,m))$$

$$(8-3)$$

对于负指标，转换公式如下：

$$v_{ij}^*(t_p) = \frac{\min\limits_{i,j}\{x_{ij}(t_p)\} - x_{ij}(t_p)}{\max\limits_{i,j}\{x_{ij}(t_p)\} - \min\limits_{i,j}\{x_{ij}(t_p)\}} \quad (i \in (1,2,\cdots,n), j \in (1,2,\cdots,m))$$

$$(8-4)$$

因此，所有指标都以相同的趋势转换至 0 到 1 之间，标准值越接近 1，它们对减排绩效的影响越有益。

采用 GPCA 方法进一步分析标准化数据表。使用该方法时，本研究进行了改进。由于 GPCA 方法建立在纯数学推导的基础上，因此它可能会产生没有实际意义的主成分。为了更好地从经济、社会和环境维度考察京津冀制造业企业的减排绩效，首先将 GPCA 方法应用于各个维度，然后生成一个维度的指标。此外，假设经济、社会和环境目标对减排具有同等影响，则它们具有同等权重。减排绩效评估的最终指标是三个维度的平均值。

本章使用的所有数据均来自统计年鉴，其中大部分经济数据（如 IVA 和区域 GDP）和就业数据（如就业人数）均来自区域统计年鉴（如《北京统计年鉴

（2015）》）；排放数据（如 SO_2 排放量）来自《中国环境统计年鉴（2010—2016）》；研发数据（如研发就业人数）来自《中国科技统计年鉴（2010—2016）》；可吸入颗粒物和空气质量良好的天数数据来自 WIND 数据库。

8.3　京津冀制造业企业可持续绩效评价实证分析

使用 GPCA 方法，评估了京津冀制造业可持续发展在经济、社会和环境方面的绩效。各地区的制造业企业年度综合得分如图 8-1 所示，该值仅代表可持续绩效的相对高低。图 8-1 中突出显示的 2010 年是"十一五"规划的末期，可以看出，总体而言，这三个地区的制造业企业在 2009—2015 年期间都呈现出良好的趋势。其中，"十二五"时期，天津制造业企业绩效最高，并保持了最好的改善状态。虽然河北的制造业企业绩效最低，但其 2015 年的绩效甚至低于 2009 年的天津。区域间绩效的差异是由经济、社会和环境方面的复杂因素造成的。

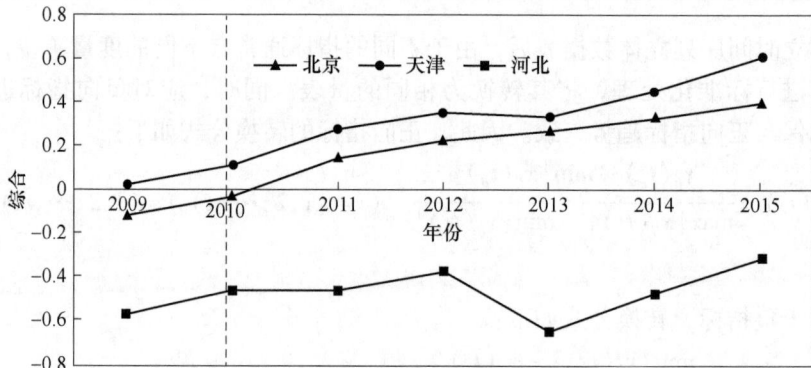

图 8-1　京津冀制造业总体减排绩效得分（2009—2015 年）

2013 年天津和河北制造业企业的可持续绩效均有所下降。当年我国政府提出了减少过剩产能的政策，淘汰大量落后产能，特别针对河北省的重制造业。同时，随着一些制造业企业从北京和天津转移到河北，经济、社会和环境方面的变化也复杂起来。为了进一步讨论上述变化的影响，本节从各个角度探讨了制造业企业的减排绩效。

图 8-2 显示了京津冀制造业企业经济维度的可持续绩效。天津的制造业企业在这一层面有明显的优势。其中一个原因是，与北京相比，其制造业企业是当地经济发展的最重要部门。北京是政治和文化中心，其 IVA 占 GDP 的比值较少。第二个原因是，与河北相比，天津更加注重先进制造企业，其科技投入更加集中。因此，天津制造业企业在能源强度、用水强度、研发强度和全体员工劳动生

产率方面的表现均优于河北。

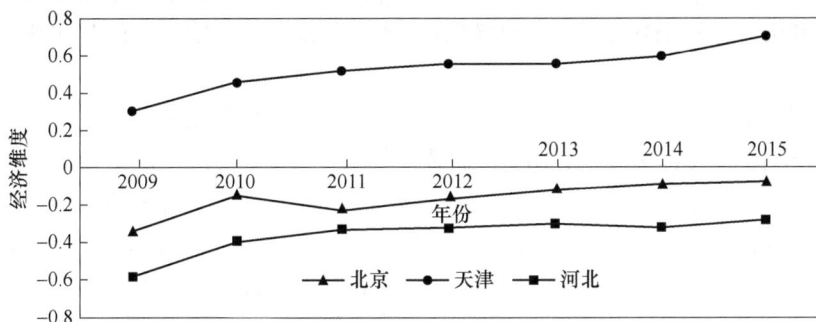

图 8-2 京津冀制造业经济减排绩效得分 (2009—2015 年)

总体而言，在"十二五"时期，京津冀制造业企业的能源效率有所提高（图 8-3）。由于逐步淘汰落后产能并采用新型节能技术，其能源强度（单位 IVA 能耗）呈下降趋势。因为北京和天津的制造业企业对节能减排的关注，两者拥有相对成熟的技术和更高的能源效率。河北的能源强度最高，但作为过剩产能减少最多的省份之一，其与北京和天津的能源强度差距逐渐缩小。特别是在 2011 年和 2013 年之后，其能源强度呈现出更大程度的下降。

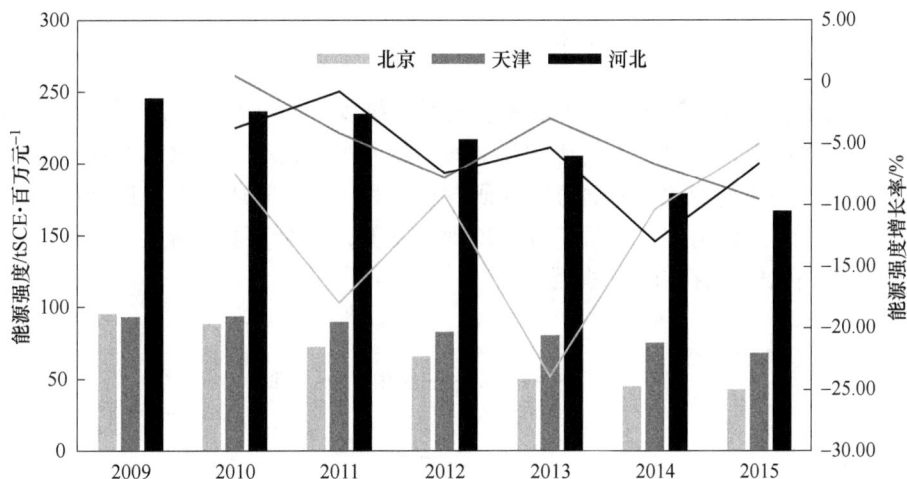

图 8-3 京津冀制造业能源强度 (2009—2015 年)

北京、天津和河北在能源利用效率、减排技术和经济发展方面存在较大差距。2010 年到 2015 年，北京地区能源强度从每百万元 88.17t 标准煤当量（SCE）降至 42.47t，降幅为 51.8%。天津的能源强度从每百万元 93.58t 标准煤当量降低到 67.63t，降幅达 27.7%。河北省能源强度降低了 29.4%，从每百万元 236.47t 标准煤当量降低到 166.62t。另外，河北制造业企业的能源效率明显低于北京和天津，这意味着进一步调整能源结构和替代落后技术可能是未来的发展方向。

在制造业用水方面，天津的用水效率最高，用水强度最低（图 8-4）。与 2010 年相比，天津制造业用水强度下降了 41%，从每千元 1.06m³ 降至 0.627m³。北京用水强度降幅为 43.9%，是三个地区中下降最多的。尽管河北省的制造业企业用水效率最低，但在"十二五"时期其用水强度显著降低（36.2%）。北京和天津在用水方面的优势，在一定程度上可以归功于它们在节水技术上的创新和应用，以及对制造业用水循环利用的严格要求。

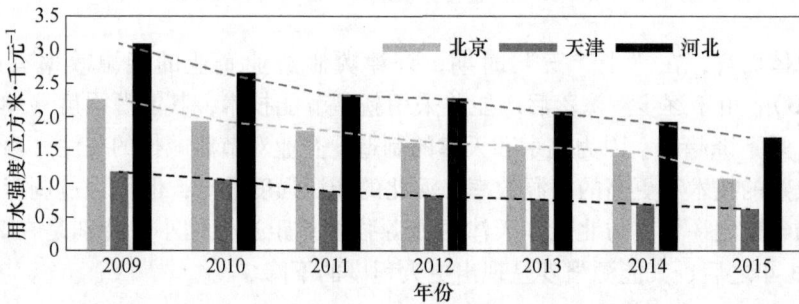

图 8-4   京津冀制造业用水强度（2009—2015 年）

社会维度的绩效在图 8-5 中展示。与经济维度不同，在这一层面北京的制造业企业绩效最高，其研发人员比例和平均年收入水平较高，因此其在社会层面的表现最优。天津制造业企业通过加强研发投入和引进高薪研发人员逐渐缩小了和北京的差距。虽然河北省的员工福利得到了改善，并推动了创新发展，但其与北京和天津相比仍然存在较大差距。

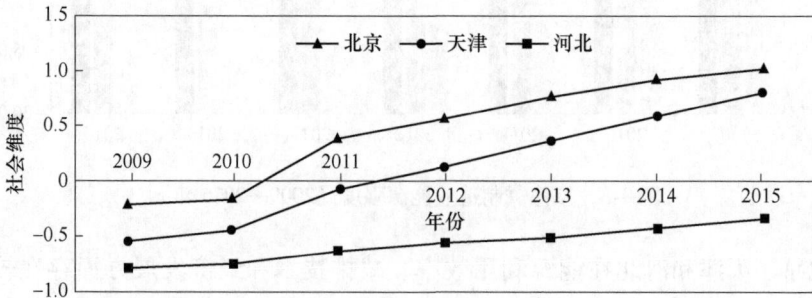

图 8-5   京津冀制造业的社会可持续绩效得分

在京津冀区域，制造业企业的就业人数约占社会总就业人数的20%。"十二五"期间，天津市制造业企业就业人数基本保持稳定。北京制造业企业就业人数从129.9万人小幅下降到119万人。河北省制造业企业2013年之前的就业人数稳步增长，这与北京和天津向河北的产业转型有关。2013年之后，河北省逐步缩减过剩产能，制造业就业人数增速放缓，数量保持稳定（图8-6）。

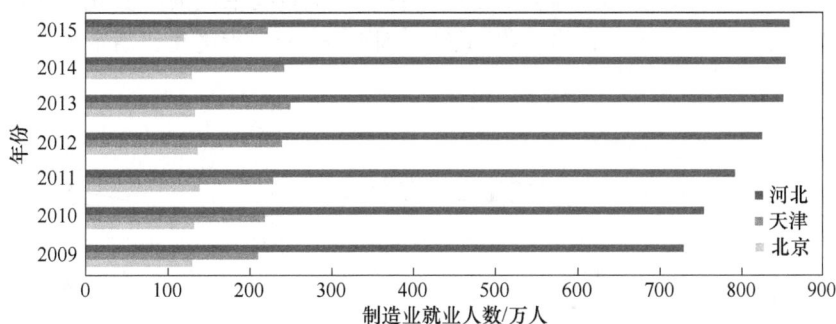

图8-6 京津冀制造业就业人数（2009—2015年）

虽然北京制造业企业的就业人数有所减少，但其年均收入却比2010年大幅增长了84.2%。天津2015年的年均收入为74668.61元，增长率为68.6%。河北省的年平均收入增长最少，约为59%（图8-7）。在这三个地区中，北京的收入水平最高，其次是天津和河北。其中一部分原因可能是北京的经济发展水平和消费水平较高，另一部分原因是京津冀区域建立期间，北京呈现出显著的创新特点，有较大比例高收入水平的科研工作者。

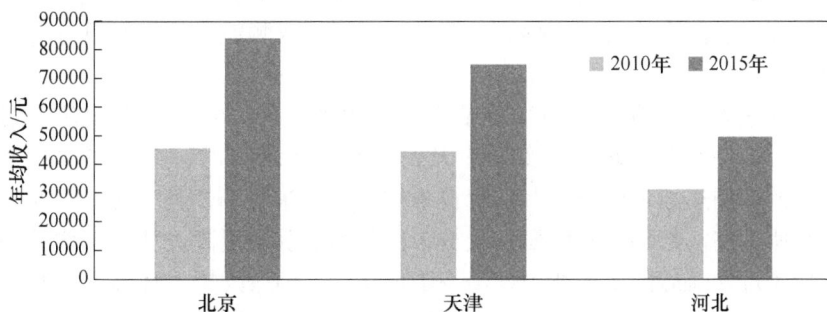

图8-7 2010年和2015年京津冀制造业的平均年收入

从数据中可以看到，三个地区的制造业企业在经济发展、能源和自然资源利用以及就业方面取得了一定的进步。但是仍然需要更多指标来检验制造业发展是否符合减排绩效的要求。如前文所述，京津冀的制造业企业应在创新驱动、高效、环境友好、惠及民生和内生增长的基础上发展。

与其他两个层面相比,环境层面的结果不是很乐观(图 8-8)。除北京外,2015 年天津和河北的表现都比处在"十一五"计划末期的 2010 年还要差。环境层面指标主要包括制造业排放和可吸入颗粒物。中国已经建立了严格的制造业排放标准,随着技术的进步,制造业废水、废气和固体废物逐年减少。但是从原始数据来看,环境绩效很大程度上是由于可吸入颗粒物浓度高以及化石燃料燃烧引起的空气质量差。结果表明,我国能源结构有待进一步优化,清洁燃料比重有待提高。

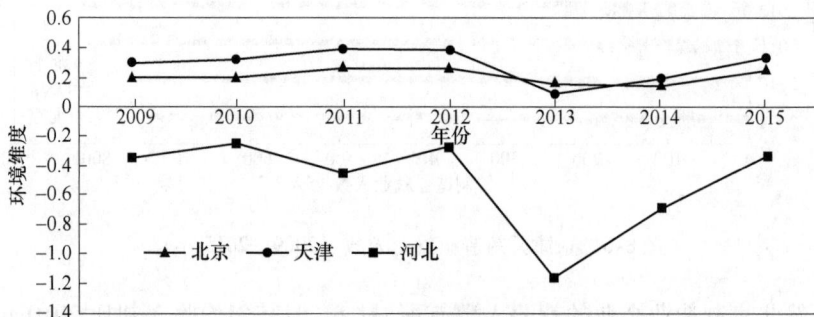

图 8-8　京津冀制造业环境减排绩效得分(2009—2015 年)

总体而言,与"十一五"时期末相比,京津冀制造业可持续发展绩效在"十二五"时期末有所提高。天津绩效最优,特别是在经济层面。此外,社会层面的绩效也得到了改善。北京以其较大比例的研发投入和高薪员工呈现出较高的社会绩效,这为河北省的制造业发展指明了方向,即应更加注重科技投入。这三个区域在环境层面上均表现不佳,主要是由于可吸入颗粒物的问题没有得到很好的解决。

根据《工业转型升级计划》的要求,京津冀地区的制造业企业基本实现了创新驱动、集约高效、环境友好、惠及民生和经济增长的目标。在这三个区域中,创新的作用逐渐得到重视。随着设备和技术的进步,"十二五"时期的能源效率也有所提高。特别是对于研发人员,民生利益明显提高。从经济增长的角度看,取代了过剩落后的生产能力,经济更加稳定、健康发展。环境友好目标的实现是一个长期过程,需要技术进步和能源结构完善等方面的努力。

8.4　本章小结

本章运用 GPCA 方法对碳配额约束前后京津冀制造业企业的减排绩效进行了研究,并提出相关政策建议。结果表明,京津冀制造业企业的减排绩效"十二五"以来呈现良好的上升趋势,北京和天津的减排绩效最为良好,但是河北的减排绩效不如京津乐观。因为河北省在京津冀地区的功能定位是承接北京和天津传统制造业的转移,其能源密集型产业所占比例较大,再加上研发投入不足所导致的能源效率低下,河北省制造业的减排绩效较差。天津和北京的成效可以为河北提供一个发展方向,即通过增加研发投入来提高能源效率,并提高收入水平吸引更多的研发人员。这三个地区在环境维度上的表现与其他两个维度相比都不是很乐观。环境绩效差主要是由于可吸入颗粒物浓度高以及化石燃料燃烧造成的空气质量差。最直接的解决方案是进一步改善能源结构并增加清洁燃料的比例。

9 结论、启示与展望

京津冀制造类企业运营及供应链成员间的协调在碳配额背景下均面临着诸多与以往完全不同的新问题，包括企业因碳配额约束需要在自主减排与购买配额之间寻找平衡，在成本结构变化与利润构成变化时寻找最优的生产和减排策略使利润最大化，考虑上游供应商与下游制造商同时具有碳配额约束时，两者在价格和需求上相互牵制所产生的动态博弈关系，以及在碳配额约束下从产品全生命周期角度考虑供应链整体的结构优化问题。由于碳配额约束，企业在追求盈利能力最大化的战略目标引导下产生新的决策行为。另外，从企业组织管理层面来看，碳交易体系的建立是否真正提高了企业的减排绩效，企业减排绩效的相对高低是否与企业的碳管理有关，激励和阻碍企业碳管理的因素有哪些。本章将围绕主要研究内容和主要创新点概括各章得到的研究结果，指出本书存在的不足之处，为低碳时代的企业生产减排、供应链管理实践和碳管理提供理论支持。

9.1 研 究 结 论

本研究以京津冀制造类企业为研究对象，从生产减排和组织管理两个角度探讨碳配额约束下企业发展模式的变化。在企业的生产减排策略层面，讨论碳配额约束下生产运营决策的变化，分析碳配额约束对企业生产与减排策略及竞争力变化的影响，并设计不同类型的碳抵消机制，探索企业利用抵消工具应对配额约束的途径；进而研究制造类企业与其上游供应商共同参与碳交易时，两者之间动态关系的变化；之后将范围扩大到具有多个供应商、制造商和分销商的供应链网络中，将原材料中的隐含碳排放考虑在内，分析碳配额约束下，从全生命周期碳足迹考虑，供应链对低碳供应商的选择偏好变化。在企业组织管理层面，评估了京津冀制造业企业碳配额约束前后的减排绩效，识别了影响企业碳管理的激励和障碍因素。围绕核心研究问题和主要创新点，本书具体研究结论如下：

9.1.1 碳配额约束下京津冀地区制造业企业独立生产减排的研究结论

减少生产过程中的碳排放是制造业企业减少排放的首要途径，主要依靠降低生产过程的碳强度实现。通过研究可以发现，电力、水泥、石化、钢铁等制造业企业作为京津冀地区主要碳排放者以及碳交易的主要参与者，其主要的减排思路为：从政府得到一定量的免费配额后，首先会通过设备升级改造等方式自主进行碳减排，当边际减排成本与碳价持平时，企业停止减排，转而从碳市场中购买配额。如果继续坚持自主减排，下一单位的二氧化碳减排量将高于市场碳价，无法实现利润最大化目标。

然而，碳交易约束给京津冀地区的制造业企业带来的不仅仅是自身生产和减排技术的改变，对其竞争力也会产生影响。研究发现，制造业企业的最优产量与自身以及竞争对手的碳排放强度有关：相比竞争对手，当自身碳强度非常小，小于对手的一半时，企业甚至可以利用碳强度优势扩大产量；当企业之间碳排放强度差异不大时，相比碳配额约束前，产量都会有所下降，但碳强度较低的企业受到的影响较小。相反，碳强度较高的企业对于碳配额约束带来的压力非常敏感，配额微弱的调整都对其产量有剧烈影响。因此，京津冀地区碳交易实施下，参与碳交易的行业中，碳强度较低的企业相比约束前在产品市场上将具有更大的市场占有率，并且当配额总量越紧张时，这种碳竞争力所带来的优势效果越明显，碳强度方面的相对优势使企业敢于进一步扩大自己的生产规模，扩大自身在产品市场上的占有率，两者差距扩大。反之，碳强度过高将对企业的产品产出能力造成巨大冲击，失去产品市场上的竞争力。

对于京津冀地区参与碳交易的企业来说，除了尽可能通过低碳生产技术降低碳强度外，还可以利用碳抵消机制和碳抵消项目来抵消自己的实际排放。碳抵消制度是作为碳交易体系中重要的调节手段，激励企业从其他行业、其他地区甚至其他国家，购买特定项目产生的核证减排量，为企业提供灵活的履约方式。本研究通过设计不同类型的抵消上限，揭示抵消制度对市场碳价的调节作用，讨论企业利用抵消工具调整生产策略的可能性及行业产出的变化。研究发现，无论以配额总量，还是以减排总量标准设计碳抵消上限，都一定程度上降低市场碳价，只是影响程度不同。以配额总量限定可抵消上限时，碳价的降低量与抵消上限呈线性变化，可抵消上限越高，碳价降低越多；当以减排总量设计抵消上限时，碳价的变化体现为降价幅度二次正比于抵消上限。

因此，京津冀地区制造业企业可积极参与碳抵消项目，由于碳价降低，企业生产面临的成本压力随之减小，企业生产能力有所回升，产量增加，行业总产量的损失也有所挽回。碳抵消机制的实施能够有效地缓解碳配额总量的限制对行业经济效益的冲击，但是同时也暴露出在实践过程中有可能产生的问题，如抵消额度的制定，如果太宽泛，会导致总排放额度的增加，使减排效果降低。

9.1.2 碳配额约束下京津冀地区制造业企业上下游合作模式的研究结论

由于个体企业处于供应链网络中，所以碳配额约束不但会影响制造业企业自身的生产运营策略，也对企业与其外围关系产生影响。当制造类企业与其上游供应商共同参与碳交易时，下游制造商的间接成本压力来自原材料价格上涨，碳配额约束通过间接成本效应影响上下游之间的合作关系。因此，本研究将碳交易产生的间接成本压力纳入 Stackelberg 模型，揭示碳交易对企业与其外围合作关系的变化。

研究发现，碳交易制度的实施可能打破原有供应链上下游合作关系，促进形成更加低碳的合作关系。如果上游供应商具有定价权，那么仅上游供应商参与碳交易、下游企业不参与时，供应商产品价格提升空间最大。比如 2019 年我国水泥产品价格暴涨，主要原因在于其上游原材料二级灰价格上涨。如果二级灰生产厂家受到碳交易的约束，由于具有一定的定价权，那么一定程度上会把碳约束带来的成本压力转移到产品中，进而使得下游的水泥制造企业承受部分压力。但是，随着下游制造商参与到碳交易中，供应商的提价空间事实上在逐渐变小，当下游合作伙伴碳强度过高时，上游可能放弃提价策略，而采取适当的降价策略。原因在于，碳强度过高的下游企业在碳约束条件下，产量大量减少，对上游原材料需求降低，上游供应商实行降价策略可以稳定自身产品的销量有下游需求作支撑。

在实际生产运营过程中，较高的碳强度不但影响制造类企业自身的产出，还可能导致上游供应商放弃原有的下游合作伙伴。与高碳强度下游制造商的合作迫使上游供应商不得不降低自己产品的价格来保证产品销路有下游的需求作支撑；与低碳强度的下游合作一方面能稳定自身产品需求，另一方面，有更大的提价空间获取更大利益。同时，下游供应商也有驱动力寻找碳强度更低的供应商，从而缓解间接成本压力。对行业中排放强度较高的企业而言，其利益将遭受损失，但是从中国的整体经济发展来看，具有巨大的进步意义，碳配额约束一方面刺激自身减排行为，另一方面促进低碳供应关系形成，加速低碳标准下行业的优胜劣汰过程。

对于制造业企业来说，怎样选择供应商才能提前布局，构建低碳供应链，应对碳配额约束对自身的影响？本书通过将隐含碳排放纳入产品碳足迹，构建混合整数优化模型，揭示出碳配额约束对供应链整体优化配置的影响，重点分析碳配额约束下，产品生命周期视角对低碳供应商的选择偏好。研究发现，碳配额约束对供应链上优化配置会产生一定的影响，影响的程度取决于碳成本在总成本中的比重，当免费配额较多，碳价较低时，供应链上的制造商并不会因为碳成本的增加而选择更加绿色的供应链，因为相比更换供应商所带来的原材料购买成本及运输成本所带来的成本增加，当前的碳成本较小，不足以刺激制造商选择隐含碳排放更少的绿色供应商。

有时出于整个供应链的优化配置实现成本最小的目的，制造商在部分原材料选择上有可能向更加低碳的原材料方向转变，特别是在碳价较高时，原材料因含碳导致的碳成本驱使企业与更低碳的供应商合作；但当选择低碳供应商造成的原材料购买成本、物流成本和物流碳排放增加导致的碳成本过大时，隐含碳减少带来的成本节约不足以抵消其他成本方面的增加，企业也可能选择距离更近或采购价格更便宜的高隐含碳原材料。换而言之，碳配额约束下对低碳供应商的选择偏好，取决于隐含碳成本与其他成本之间的对比。

本书以一家在中国设有两家计算机组装制造厂和三家液晶显示屏供应商的国际大型电子设备制造商为例，对提出的模型进行验证。结果显示，对于案例企业来说，目前的碳配额约束并未促使其选择低碳供应商，相反，由于产品价格上涨，该企业出于价格而更偏爱最不低碳的供应商。但是，在碳价更高、碳配额约束更加严格的条件下，供应商选择和订单分配问题的最优决策将更加倾向低碳供应商。因此，具有较强软实力的供应商应尽早开展低碳生产，以便在碳交易实施后保持其竞争地位；一旦获得相对较强的低碳能力，供应商应尽量使低碳技术和投资达到规模效应，降低其低碳产品的价格，以进一步获得更大的竞争优势。

9.1.3 碳配额约束下制造商与分销商合作减排策略研究结论

在短期内，没有政府干预和政府补贴的情况下，工业企业和分销商两家企业都不会选择合作减排。

当政府进行补贴时，仅对分销商独立减排进行补贴，两家企业仍不愿意合作减排，只有额外对分销商的合作减排进行补贴时，两家企业最终才会选择合作减排，且支持合作减排的政府补贴能够增加社会福利，并非补贴力度越大效果越好，而是存在最优补贴，当补贴超过一定值时，社会福利会出现损失。

在长期博弈中，如果企业的减排收益足够大时，双方企业在长期也愿意选择合作减排。对政府而言，如果碳市场的碳价或者企业减排带来的社会效益过低时，政府补贴合作减排后的社会福利会出现损失，此时政府则不愿意支持合作减排。

9.1.4 碳交易约束下企业碳管理的激励与障碍因素研究结论

对于京津冀区域中受到碳配额约束的制造业企业来说，通过低碳技术和构建低碳供应链进行减排是最直接的减排模式，但是长远来看，企业内部的管理机制与模式是否对碳减排形成强有力的支撑是低碳运营模式能否顺利构建的保障。本书通过对京津冀地区制造业企业展开一定规模的问卷调研，总结、归纳和分析了对于企业碳管理来说最重要的驱动与障碍因素。

研究发现，企业碳管理主要激励因素有领导者碳信息储备、合作/竞争企业碳管理以及消费者环保意识。领导者碳信息储备是企业实施碳管理的必要条件，领导者具备碳排放常识、碳交易规制将有助于做出相应决策，从而促进碳管理的实施。合作/竞争企业实施碳管理大大提升其自身的碳竞争力，对于合作企业而言，会影响、推动甚至要求企业实施碳管理，否则停止合作。对于竞争企业，其相互竞争之间包含企业形象、政企关系等方面的较量，那么随着碳意识的提升，碳竞争力成为企业竞争力中的重要一环，促进企业碳管理。消费者环保意识方面，针对制造业而言消费者是产品的终极目标群体，那么其选择产品的标准很大程度决定了制造业企业生产的标准，尤其是近年来消费者环保意识的提升，极大程度上促进了产品低碳化，有利推动企业碳管理。

企业碳管理主要障碍因素有企业性质、企业规模以及节能减排成本。企业性质方面，现阶段对目标市场在国内的部分民营企业与股份合作企业而言，对正在或即将面临的碳标签与碳税等意识还不够强烈；多数处于传统产业中的国有企业能源消耗多，碳排放量较大，但国有企业规模效益高、低碳技术革新空间大、创新研发及污染处理能力足，更是政府政策推动的重心。国有成分的提升能够促进碳减排，这也是民营企业和股份合作企业所欠缺的。由此可见，不同企业性质具有不同的障碍因素，因而"对症下药"方可起到效用。企业规模方面，中小型企业缺少持续性研发投入的保障以及资源获取的优势，但是其组织架构简单、沟通成本较低、技术整改较为便捷，这是大型企业所不具备的，因而不同企业规模也有其不同的阻碍企业碳管理的方面。节能减排成本方面，首先在能源结构方面，企业能源结构一定程度上决定产品碳排放强度，优化能源结构对促进企业碳减排影响重大，但能源结构转变对于企业而言，需要新的能源渠道，能源获取成本提升；其次，在技术创新方面，能源结构的优化需要企业具备一定的技术条件，通过多方面的技术创新才能够改善企业的能源结构，才有可能真正实施节能减排生产，低碳技术是企业减少排放、实现低碳化的重要举措和必要手段，可以优化能源结构，促使企业更新设备，进而推动企业低碳发展，但企业的技术条件与科技研发投入有着必然联系，因而技术投入成本较高；最后，在人力资本方面，企业碳竞争力的核心是资源低碳配置能力，低碳型相关人才是企业低碳发展的前提，那么就要求企业在发展过程中将碳减排意识融入人力资本管理当中，在人力资源体系中纳入低碳生产工人、低碳研发团队、碳管理人员等的招聘及培养，这也将提高企业节能减排成本。

9.1.5　碳交易机制下京津冀制造业可持续发展评价

碳交易机制虽然直接作用于温室气体减排，但是其实现减排的过程中也包括对创新驱动、集约高效、环境友好、惠及民生和经济增长等起到的带动作用。因此，本书在该部分对碳配额机制下的京津冀制造业从可持续发展的角度进行全面的评估。首先通过大量文献阅读整理制造业可持续发展评价指标，并从经济、社会、环境三个维度对指标进行筛选；其次，运用全局主成分分析法，建立动态多准则决策模型，衡量京津冀制造业企业的减排绩效。

研究表明，总体而言，与"十一五"时期末相比，京津冀制造业可持续发展绩效在"十二五"时期末有所提高。天津绩效最优，特别是在经济层面，此外，社会层面的绩效也得到了改善。

具体来说，经济维度上，天津表现最优，原因在于与北京相比，其制造业企业是当地经济发展的主体。与河北相比，天津更加注重先进制造企业，其科技投入更加集中。能源强度方面，由于逐步淘汰落后产能并采用新型节能技术，三个地区能源强度呈下降趋势。北京和天津的制造业企业拥有相对成熟的技术和更高的能源效率，河北的能源强度则最高，但作为过剩产能减少最多的省份之一，其与北京和天津的能源强度差距逐渐缩小。特别是在2011年和2013年之后，其能源强度呈现出更大程度的下降。

社会维度方面，北京的制造业企业绩效最高，其研发人员比例和平均年收入水平较高，因此其在社会层面的表现最优。天津制造业企业通过加强研发投入和引进高薪研发人员逐渐缩小了和北京的差距。虽然河北省的员工福利得到了改善并推动了创新发展，但其与北京和天津相比仍然存在较大差距。

环境绩效方面，基于可能获取较为完整数据的时间，从当时维度上看，环境绩效并不理想。环境层面指标主要包括制造业排放和可吸入颗粒物。中国已经建立了严格的制造业排放标准，随着技术的进步，制造业废水、废气和固体废物逐年减少。但是从原始数据来看，环境绩效差很大程度上是由于可吸入颗粒物浓度高以及化石燃料燃烧引起的空气质量差。结果表明，我国能源结构有待进一步优化，清洁燃料比重有待提高。

产生以上结果的主要原因在于河北省在京津冀地区的功能定位是承接北京和天津传统制造业的转移，其能源密集型产业所占比例较大，再加上研发投入不足所导致的能源效率低下，河北省制造业的减排绩效相对较差。天津和北京的成效可以为河北提供一个发展方向，即通过增加研发投入来提高能源效率，并提高收入水平吸引更多的研发人员。这三个地区在环境维度上的表现与其他两个维度相比都不是很乐观。环境绩效差主要是由于可吸入颗粒物浓度高以及化石燃料燃烧造成的空气质量差，最直接的解决方案是进一步改善能源结构并增加清洁燃料的比例。

9.2 建议及启示

围绕核心问题，本书对碳配额约束下制造业企业生产和运营策略，以及企业与其外围关系进行分析，研究结论对企业在配额约束下的生产减排策略具有一定的启示作用，为碳市场启动初期，在摸索中前行的中国企业认识碳交易、积极参与碳交易和应对碳交易提供参考和借鉴。

（1）从企业运营角度来说，在碳配额约束下，京津冀制造类企业主动出击节能减排，要比被动接受、消极应对更有利。作为碳减排策略的实施载体和国家经济发展的主要推动力量，及时采取行动配合国家的长远发展战略，才能第一时间提升其在行业中的竞争力，同时提高自身在行业中与供应商议价过程中的地位。当前，企业须认真分析碳交易对自身和所处行业带来的影响，及时转变发展方式，要为不断挖掘企业碳减排潜力做好技术储备，把实施碳减排、淘汰落后工艺和加快减排科技创新相结合，明确识别国家战略高度的政策方向与发展趋势，全面调整企业自身发展战略。企业应充分利用碳交易体系中的辅助机制，确保在同行业竞争中的优势，同时树立自身的绿色形象和社会影响力，提升企业的市场价值，通过技术或管理领先在碳市场中获得更高的收益。

京津冀地区碳配额约束下的制造业企业应首先做好配额管理及履约工作。这是控排企业最重要的工作之一，做好配额管理工作，包括配额获取、排放监测、排放报告编制、配额清缴等，否则可能导致行政处罚等责任，给企业造成经济损失及其他负面影响。

加大节能与低碳技术投入。碳市场竞争的根本还是尖端低碳技术的竞争。低碳经济下，控排企业要想获得竞争优势，必须以清洁的方式进行生产，而节能减排的关键是要依靠技术的进步。例如，对发电企业而言，可加强在新型燃煤机组、风电技术、光伏发电技术、储能技术，甚至碳捕捉和封存技术方面的研究和投资；对电网企业而言，可进一步加大对新型输配电设备，可再生能源并网智能电网和储能技术等方面的研究和投资；对钢铁企业来说，提高短流程炼钢的比例是减少碳排放的重要途径，但伴随而来的，还有废钢逆向物流回收体系的建立健全以及技术推广；水泥企业可以依托二代水泥技术标准来提升改造生产线，提升能效实现减碳排放，其中包括高效粉磨技术推广（辊压机终粉磨技术），高效低阻旋风预热器、高能效分解炉及第四代冷却机技术装备的使用。

（2）碳抵消制度是碳交易体系中有效的调节手段，并且可以为受碳排放约束的企业提供灵活的履约方式：在受碳排放约束的企业预期实际碳排放将超过其持有的碳排放配额的情况下，企业可以有三种选择：一是加大自身企业节能减排的投资和管理投入，实现企业自身的减排，从而实现企业实际碳排放量不多于企业拥有的碳排放配额量；二是在市场上购买其他企业富余的碳排放配额；三是借助碳抵消机制，购买经主管部门核准的一些特定类型减排项目产生的减排量，用以抵消企业的实际碳排放量。

抵消项目的价格一般低于配额价格，可以帮助企业减少履约成本，同时刺激非碳交易体系行业的减排，降低社会减排的总成本。在可利用碳抵消机制的情况下，为获得最大利益，企业应先利用抵消机制，当核证减排量达到上限时，再考虑碳配额购买。在我国，碳抵消项目往往被称为 CCER（Chinese Certified Emission Reduction）项目，CCER 项目大多是非化石能源项目、农业和林业项目、环保类项目以及能效提高等国家鼓励的绿色、低碳、环保类项目，它能充分有效地连接碳市场、可再生能源以及工业减排等方面，是减排路径的重要领域。但目前京津冀企业参与 CCER 项目的积极性并不高，一方面在于企业对 CCER 项目并不了解；另一方面，也在于相关的政策并不明确。一是部分试点的 CCER 抵消管理办法政策缺乏连续性和稳定性，造成市场以及控排企业不能清晰地判断 CCER 能否用于后续的履约使用，缺乏吸引力；二是部分试点的 CCER 抵消管理办法出台时间仓促，市场以及控排企业没有充足的时间来应对政策变化带来的影响；三是由于各个试点省市针对项目类型、减排量产生的时间、项目所在区域、抵消比例等因素对 CCER 用于抵消做出了不同的规定，反而造成使用时需要满足的条件复杂并且难以判断，使得市场接受度不高。而且当前 CCER 项目申报审批周期较长，导致 CCER 的产出周期较长。这些都是政策亟须完善的问题。

（3）整个供应链上的碳配额约束，使得企业能够更加主动地披露自己的生产和减排数据。数据披露不仅仅体现在社会责任层面，知己知彼也将有利于企业选择合适的上下游合作伙伴，获得最佳收益。而碳配额约束的实施，不但有利于促使企业披露自己环境信息、确定合适的生产量和减排量，也有益于选择合适的合作伙伴。

从流程上说，低碳供应链的构建包括低碳设计、低碳采购、低碳制造、低碳营销、低碳运输和配送。企业可以从最重要的环节逐步入手，比如零售业企业往往选择更换能效更高的运输方式，大幅度减少自己的碳排放。而作为京津冀制造业企业来说，最主要的是如何从原材料和制造流程方面减少自身的碳排放，企业可以通过与供应商共同设计、优化模块的合作模式，确保企业最优化成本的支配和产品研发速度，从用户的需求入手，以更低碳、更环保的要求来优化材料、部件，在产品本身以及产品功能上，共同做到低碳环保。

（4）在碳管理方面，京津冀制造业企业碳管理动力不足的主要原因在于对相关政策和知识的缺乏。对于此，政府应针对京津冀区域制造业企业进行相关培训，包含碳信息储备培训、行业发展现状培训等，使得领导者增加碳信息储备，了解行业目前碳排放及管理情况，获得合作/竞争企业的碳管理信息，从而促进企业实施碳管理。同时，定期收集并发布碳管理表现良好企业的相关信息，强调碳管理实施的重要性及必要性，或者建立相应的官方网站供企业查询、借鉴，以此加强企业领导者碳管理意识、便于企业领导者获取前沿信息。推出针对中小型企业的政策，中小型企业缺少研发资金、技术支撑，缺少相关的资源、信息获取渠道，因而，如果政府能够给予中小型企业资金支持来进行技术研发升级，或者推动高校、研究院与企业进行技术合作，帮助中小型企业拓宽渠道，减轻中小型企业碳管理成本。

（5）对京津冀区域的制造业企业来说，在区域协同发展背景下，如何通过协同方式实现三地经济与环境的双赢，是政府需要考虑的重要问题。对于此，京津冀区域应不断推进生态环境监测系统和数据库以及环保联合执法，对于高耗能、高污染企业采取严、控、管、关等措施倒逼其结构的转型，加快节能减排技术研发、推广和应用，积极发展以绿色能源为代表的低碳产业，如光伏发电产业、风能、太阳能及电力自动化等，实施集群发展。三地联手积极推进大气污染联防联控，应对雾霾污染坚持标本兼治、疏堵结合，做好减煤、控车、降尘、治企等工作是根治灰霾天的积极措施，改善区域生态环境，力争每一寸土地都纳入环保监管的视线。

京津冀特别是河北省制造业企业应加大科技投入，增强自主创新能力。推动建立低碳技术创新和扩散的区域联盟。京津冀现行研发联盟的主体基本上都是本省（市）内的企业和科研机构，这种研发联盟仅仅打破了本区域不同企业和科研机构之间的壁垒，对企业跨区划创新的推动力比较弱。以发展的眼光看，三地各自投入大量研发经费很有可能成为重复性投资，一些关键性技术可能由于研发经费和科研人员的投入分散而无法取得重大突破。如果三地能够建立低碳技术创新和扩散的区域联盟，将分散的手指紧握成拳头，就能取得事半功倍的效果。

9.3　不足与展望

随着我国建立全国统一碳排放交易市场政策的逐步落实，越来越多的企业将开始关注碳配额约束所带来的影响，本书从企业生产减排和组织管理的角度，结合博弈论静态模型、动态模型，计量经济学和运筹学方法等理论知识，研究了碳配额约束下单独企业以及整个供应链上企业应对碳交易约束的生产减排和组织管理策略，取得了一些研究成果，但仍存在不足之处，综合考虑到该课题的前沿性与广泛性，一些问题值得未来深入研究。

（1）随机需求时，供应链整体应对碳配额约束的配置问题研究。在碳配额约束下供应链优化配置问题研究中，本书的重点在于突出原材料中的隐含碳成本在产品碳足迹中的作用，以及制造商对于供应商绿色程度的偏好变化，为了简化模型使研究目的更加清晰，文中对需求的设定是依据当地人口设定的确定需求，而实际中需求更倾向随机需求，所以考虑碳配额约束下，随机需求的供应链运营策略，是值得进一步研究的问题。

（2）供应链企业间不同合作减排机制设计。在供应链优化配置研究中，主要考虑的是以供应链上整体成本最小为目标，实际情况下，供应链上各节点可以通过合作，共同减排，通过例如成本分担、回购等协调机制进行减排合作的可能性也是未来重要的研究方向之一。

（3）供应链多渠道长期动态合作减排机制研究。在本研究中，重点对制造类企业的生产运营决策进行考虑，在制造商与外围关系分析时，主要考虑制造商与上游供应商之间的相互关系，从长远来看，供应商和分销商也可以存在长期合作减排，合作方式包括由制造商主导的低碳合作、由分销商主导的低碳合作，考虑供应链下游之间的合作减排也是值得深入研究的方向之一。

参 考 文 献

［1］ Abdallah T, Farhat A, Diabat A, et al. Green supply chains with carbon trading and environmental sourcing: Formulation and life cycle assessment ［J］. Applied Mathematical Modelling, 2012, 36 (9): 4271-4285.

［2］ Abdul-Rashid S H, Sakundarini N, Ghazilla R A R, et al. The impact of sustainable manufacturing practices on sustainability performance empirical evidence from Malaysia ［J］. International Journal of Operations & Production Management, 2017, 37, 182-204.

［3］ Albino V, Ardito L, Dangelico R M, et al. Understanding the development trends of low-carbon energy technologies: A patent analysis ［J］. Applied Energy, 2014, 135 (12): 836-854.

［4］ Asselt H V, Biermann F. European emissions trading and the international competitiveness of energy-intensive industries: A legal and political evaluation of possible supporting measures ［J］. Energy Policy, 2007, 35 (1): 497-506.

［5］ Awasthi A, Govindan K, Gold S. Multi-tier sustainable global supplier selection using a fuzzy AHP-VIKOR based approach ［J］. International Journal of Production Economics, 2018, 195: 106-117.

［6］ Azadnia A H, Saman M Z M, Wong K Y. Sustainable supplier selection and order lot-sizing: An integrated multi-objective decision-making process ［J］. International Journal of Production Research, 2015, 53: 383-408.

［7］ Azimifard A, Moosavirad S H, Ariafar S. Selecting sustainable supplier countries for Iran's steel industry at three levels by using AHP and TOPSIS methods ［J］. Resources Policy, 2018, 57: 30-44.

［8］ Alsaifi K. Carbon disclosure and carbon performance: Evidence from the UK's listed companies ［J］. Management Science Letters, 2021: 117-128.

［9］ Babiker M H, Metcalf G E, Reilly J. Tax distortion and global climate policy ［J］. Journal of Environmental Economics and Management, 2003, 46: 269-287.

［10］ Baranzini A, Goldemberg J, Speck S. A future for carbon taxes ［J］. Ecological Economics, 2000, 32: 395-412.

［11］ Barbot C, Betancor O, Socorro M P, et al. Trade-offs between environmental regulation and market competition: Airlines, emission trading systems and entry deterrence ［J］. Transport Policy, 2012, 33 (33): 65-72.

［12］ Brännlund R, Nordström J. Carbon tax simulations using a household demand model ［J］. European Economic Review, 2004, 48 (1): 211-233.

［13］ Bristow A L, Wardman M, Zanni A M, et al. Public acceptability of personal carbon trading and carbon tax ［J］. Ecological Economics, 2010, 69: 1824-1837.

［14］ Buys L, Mengersen K, Johnson S, et al. Creating a sustainability scorecard as a predictive tool for measuring the complex social, economic and environmental impacts of industries, a case study: Assessing the viability and sustainability of the dairy industry ［J］. Journal of Environmental Management, 2014, 133: 184-192.

［15］ B Z P A, A W W. Carbon-constrained firm decisions: From business strategies to operations modeling ［J］. European Journal of Operational Research, 2020, 281 (1): 1-15.

［16］ Cachon G P. Retail store density and the cost of greenhouse gas emissions ［J］. Management Science, 2014, 60 (8): 1907-1925.

［17］ Chaabane A, Ramudhin A, Paquet M. Design of sustainable supply chains under the emission trading scheme ［J］. International Journal of Production Economics, 2012, 135 (1): 37-49.

［18］ Chai J Y, Liu J N K, Ngai E W T. Application of decision-making techniques in supplier selection: A systematic review of literature ［J］. Expert Systems with Applications, 2013, 40: 3872-3885.

［19］ Chan H S, Li S, Zhang F. Firm competitiveness and the European Union emissions trading scheme ［J］. Energy Policy, 2013, 63 (6): 1056-1064.

［20］ Cheng B, Dai H, Wang P, et al. Impacts of carbon trading scheme on air pollutant emissions in Guangdong Province of China ［J］. Energy for Sustainable Development, 2015, 27: 174-185.

［21］ Cheng F L, Sue J L, Charles L. Analysis of the impacts of combining carbon taxation and emission trading on different industry sectors ［J］. Energy Policy, 2008, 36: 722-729.

［22］ Choo Y M, Muhamad H, Hashim Z, et al. Determination of GHG contributions by subsystems in the oil palm supply chain using the LCA approach ［J］. International Journal of Life Cycle Assessment, 2011, 16 (7): 669-681.

［23］ Cong R G, Wei Y M. Potential impact of (CET) carbon emissions trading on China's power sector: A perspective from different allowance allocation options ［J］. Energy, 2010, 35 (9): 3921-3931.

［24］ Crals E, Vereeck L. Taxes, tradable rights and transaction costs ［J］. European Journal of Law and Economics, 2008, 20: 199-223.

［25］ Cui Beiqing, Shui Zhonghao, Yang Sen, et al. Evolutionary game analysis of green technology innovation under the carbon emission trading mechanism ［J］. Frontiers in Environmental Science, 2022.

［26］ Demailly D, Quirion P. European emission trading scheme and competitiveness: A case study on the iron and steel industry ［J］. Energy Economics, 2008, 30 (4): 2009-2027.

［27］ Diabat A, Simchi-Levi D. A carbon-capped supply chain network problem ［C］//IEEE International Conference on Industrial Engineering and Engineering Management. IEEE, 2009: 523-527.

［28］ Du S, Ma F, Fu Z, et al. Game-theoretic analysis for an emission-dependent supply chain in a 'cap-and-trade' system ［J］. Annals of Operations Research, 2015, 228 (1): 135-149.

［29］ Ding Y, Gao X, Huang C, et al. Service competition in an online duopoly market ［J］. Omega, 2018, 77: 58-72.

［30］ Eleonora B, Carmen G M, Marta R. A fuzzy logic-based tool for the assessment of corporate sustainability: A case study in the food machinery industry ［J］. Sustainability, 2017,

9 (4):583.

[31] Elkington J. Cannibals with Forks: The triple bottom line of 21st century business [M]. Oxford: Capstone, 1997.

[32] Ermolieva T, Ermoliev Y, Fischer G, et al. Carbon emission trading and carbon taxes under uncertainties [J]. Climate Change, 2010, 103: 277-289.

[33] Feil A A, Quevedo D M, Schreiber D. An analysis of the sustainability index of micro- and small-sized furniture industries [J]. Clean Technologies and Environmental Policy, 2017, 19: 1883-1896.

[34] Fernandes A M. Trade policy, trade volumes and plant-level productivity in Colombian manufacturing industries [J]. Journal of International Economics, 2007, 71 (1): 52-71.

[35] Feyzioglu O, Büyüközkan G. Evaluation of green suppliers considering decision criteria dependencies [J]. Lecture Notes in Economics & Mathematical Systems, 2009, 634: 145-154.

[36] Fleishman L A, Bruin W B D, Morgan M G. Informed public preferences for electricity portfolios with CCS and other Low-Carbon technologies [J]. Risk Analysis, 2010, 30 (9): 1399-1410.

[37] Friedl G, Wagner S M. Supplier development or supplier switching? [J]. International Journal of Production Research, 2012, 50: 3066-3079.

[38] Garbie I H. An analytical technique to model and assess sustainable development index in manufacturing enterprises [J]. International Journal of Production Research, 2014, 52: 4876-4915.

[39] Goldblatt M. Comparison of emissions trading and carbon taxation in South Africa [J]. Climate Policy, 2010, 10 (5): 521-526.

[40] Govindan K, Khodaverdi R, Jafarian A. A fuzzy multi criteria approach for measuring sustainability performance of a supplier based on triple bottom line approach [J]. Journal of Cleaner Production, 2013, 47: 345-354.

[41] Govindan K, Shankar M, Kannan D. Supplier selection based on corporate social responsibility practices [J]. International Journal of Production Economics, 2018, 200: 353-379.

[42] Guarnieri P, Trojan F. Decision making on supplier selection based on social, ethical, and environmental criteria: A study in the textile industry [J]. Resources Conservation and Recycling, 2019, 141: 347-361.

[43] Hamdan S, Cheaitou A. Supplier selection and order allocation with green criteria: An MCDM and multi-objective optimization approach [J]. Computers & Operations Research, 2017, 81: 282-304.

[44] Hashemi S H, Karimi A, Tavana M. An integrated green supplier selection approach with analytic network process and improved Grey relational analysis [J]. International Journal of Production Economics, 2015, 159: 178-191.

[45] Hawkins T R, Singh B, Majeau-Bettez G, et al. Comparative Environmental life cycle assessment of conventional and electric vehicles [J]. Journal of Industrial Ecology, 2013,

17 (1): 158-160.

[46] Ho W, Xu X W, Dey P K. Multi-criteria decision-making approaches for supplier evaluation and selection: A literature review [J]. European Journal of Operational Research, 2010, 202: 16-24.

[47] Hong G H, Park S C, Jang D S, et al. An effective supplier selection method for constructing a competitive supply-relationship [J]. Expert Systems with Applications, 2005, 28: 629-639.

[48] IPCC (Intergovernmental Panel on Climate Change). Climate change 2007: Synthesis Report. Summary for Policy Makers [EB/OL], 2007.

[49] Jain V, Sangaiah A K, Sakhuja S, et al. Supplier selection using fuzzy AHP and TOPSIS: A case study in the Indian automotive industry [J]. Neural Computing & Applications, 2018, 29 (7): 555-564.

[50] Jiang J J, Ye B, Ma X M. The construction of Shenzhen's carbon emission trading scheme [J]. Energy Policy, 2014, 75: 17-21.

[51] Jones R, Mendelson H. Information goods vs. industrial goods: Cost structure and competition [J]. Management Science, 2011, 57 (1): 164-176.

[52] Joung C B, Carrell J, Sarkar P, et al. Categorization of indicators for sustainable manufacturing [J]. Ecological Indicators, 2013, 24: 148-157.

[53] Kara M, Syri S, Lehtila A, et al. The impacts of EM CO_2 emission trading on electricity markets and electricity consumers in Finland [J]. Energy Economics, 2008, 30 (2): 193-211.

[54] Kellner F, Lienland B, Utz S. An a posteriori decision support methodology for solving the multi-criteria supplier selection problem [J]. European Journal of Operational Research, 2019, 272: 505-522.

[55] Kopacz M, Kryzia D, Kryzia K. Assessment of sustainable development of hard coal mining industry in Poland with use of bootstrap sampling and copula-based Monte Carlo simulation [J]. Journal of Cleaner Production, 2017, 159: 359-373.

[56] Krajnc D, Glavi P. A model for integrated assessment of sustainable development [J]. Resources Conservation & Recycling, 2005, 43 (2): 189-208.

[57] Kumar D, Rahman Z, Chan F T. A fuzzy AHP and fuzzy multi-objective linear programming model for order allocation in a sustainable supply chain: A case study [J]. International Journal of Computer Integrated Manufacturing, 2017, 30 (6): 535-551.

[58] Kuo R J, Wang Y C, Tien F C. Integration of artificial neural network and MADA methods for green supplier selection [J]. Journal of Cleaner Production, 2010, 18 (12): 1161-1170.

[59] Lee A H I, Kang H Y, Hsu C F, et al. A green supplier selection model for high-tech industry [J]. Expert Systems with Applications, 2009, 36: 7917-7927.

[60] Lee C W, Zhong J. Construction of a responsible investment composite index for renewable energy industry [J]. Renewable & Sustainable Energy Reviews, 2015, 51: 288-303.

[61] Lee K H. Integrating carbon footprint into supply chain management: The case of Hyundai Motor Company (HMC) in the automobile industry [J]. Journal of Cleaner Production, 2011, 19

(11): 1216-1223.

[62] Lee M. Potential cost savings from internal/external CO_2, emissions trading in the Korean electric power industry [J]. Energy Policy, 2011, 39 (10): 6162-6167.

[63] Li T, Zhang H, Yuan C, et al. A PCA-based method for construction of composite sustainability indicators [J]. International Journal of Life Cycle Assessment, 2012, 17 (5): 593-603.

[64] Liao Z, Zhu X, Shi J. Case study on initial allocation of Shanghai carbon emission trading based on Shapley value [J]. Journal of Cleaner Production, 2015, 103: 338-344.

[65] Lin B, Jia Z. The impact of Emission Trading Scheme (ETS) and the choice of coverage industry in ETS: A case study in China [J]. Applied Energy, 2017: 205.

[66] Lippke B, Perez-Garcia J. Will either cap and trade or a carbon emissions tax be effective in monetizing carbon as an ecosystem service [J]. Forest Ecology and Management, 2008, 256: 2160-2165.

[67] Liu B Y, Holmbom M, Segerstedt A. Effects of carbon emission regulations on remanufacturing decisions with limited information of demand distribution [J]. International Journal of Production Research, 2015, 53 (2): 532-548.

[68] Liu Y, Tan X J, Yu Y, et al. Assessment of impacts of Hubei pilot emission trading schemes in China- A CGE-analysis using Term CO_2 model [J]. Applied Energy, 2016, 189: 762-769.

[69] Long Y, Pan J, Farooq S, et al. A sustainability assessment system for Chinese iron and steel firms [J]. Journal of Cleaner Production, 2016, 125: 133-144.

[70] Lund, P. Impacts of EU carbon emission trade directive on energy-intensive industries-indicative micro-economic analysis [J]. Ecological Economics, 2007, 63 (4): 799-806.

[71] Luthra S, Govindan K, Kannan D, et al. An integrated framework for sustainable supplier selection and evaluation in supply chains [J]. Journal of Cleaner Production, 2017, 140: 1686-1698.

[72] Liu X L, Tang X G, Xiong Y, et al. The effect of carbon emission policy on financial performance of target companies in China [J]. Journal of Cleaner Production, 2023: 412.

[73] Liang Z Y, Deng H J, Xie H Y, et al. Rethinking the paper product carbon footprint accounting standard from a life-cycle perspective [J]. Journal of Cleaner Production, 2023: 393.

[74] Cai L Y, Liu J, Wang F Q, et al. Supply chain coordination under carbon trading mechanism in case of conflict [J]. Journal of Railway ence & Engineering, 2016.

[75] Mainali B, Silveira S. Using a sustainability index to assess energy technologies for rural electrification [J]. Renewable & Sustainable Energy Reviews, 2015, 41: 1351-1365.

[76] Mani V, Agrawal R, Sharma V. Supplier selection using social sustainability: AHP based approach in India [J]. International Strategic Management Review, 2014, 2: 98-112.

[77] Mathews J A, Tan H. China's energy industrial revolution [J]. Carbon Management, 2011, 5 (1):1-3.

[78] Montalvo C. General wisdom concerning the factors affecting the adoption of cleaner technologies:

Survey 1990—2007 [J]. Journal of Cleaner Production, 2008, 16 (1) : 7-13.

[79] Ma C Q, Ren Y S, Zhang Y J, et al. The allocation of carbon emission quotas to five major power generation corporations in China [J]. Journal of Cleaner Production, 2018, 189 (10): 1-12.

[80] Nouira I, Hammami R, Frein Y, et al. Design of forward supply chains: Impact of a carbon emissions-sensitive demand [J]. International Journal of Production Economics, 2016, 173: 80-98.

[81] Onut S,Kara S S, Isik E. Long term supplier selection using a combined fuzzy MCDM approach: A case study for a telecommunication company [J]. Expert Systems with Applications, 2009, 36 (2): 3887-3895.

[82] Parry I W H, Small K A. Does Britain or the United States have the right gasoline tax? [J]. The American Economic Review, 2005, 95: 409-434.

[83] Pezzey J C V. Emission taxes and tradable permits. A comparison of views on long-run efficiency [J]. Environmental and Resource Economics, 2003, 26: 329-342.

[84] Pieterse N J. China's contingencies and globalization [J]. Third World Quarterly, 2015, 36 (11): 1985-2001.

[85] Qian Long, Zhou Yunjie, Sun Ying, et al. Carbon emission reduction effects of intellectual property institution construction in China [J]. Environmental Science and Pollution Research International, 2023, 30 (27): 70569-70591.

[86] Qian W,Schaltegger S. Revisiting carbon disclosure and performance: Legitimacy and management views [J]. The British Accounting Review, 2017.

[87] Roshandel J, Miri-Nargesi S S, Hatami-Shirkouhi L. Evaluating and selecting the supplier in detergent production industry using hierarchical fuzzy TOPSIS [J]. Applied Mathematical Modelling, 2013, 37 (24): 10170-10181.

[88] Saaty T L. What is the analytic hierarchy process [J]. Mathematical Models for Decision Support, 1988, 48: 109-121.

[89] Salvado M F, Azevedo S G, Matias J C O, et al. Proposal of a sustainability index for the automotive industry [J]. Sustainability, 2015, 7: 2113-2144.

[90] Sartzetakis E S. On the Efficiency of competitive markets for emission permits [J]. Environmental and Resource Economics, 2004, 27 (1): 1-19.

[91] Seuring S. A review of modeling approaches for sustainable supply chain management [J]. Decision Support Systems, 2013, 54: 1513-1520.

[92] Sharma T, Balachandra P. Benchmarking sustainability of Indian electricity system: An indicator approach [J]. Applied Energy, 2015, 142: 206-220.

[93] Shaw K, Shankar R, Yadav S S, et al. Modeling a low-carbon garment supply chain [J]. Production Planning & Control, 2012a, 24 (8): 1-15.

[94] Shaw K, Shankar R, Yadav S S, et al. Supplier selection using fuzzy AHP and fuzzy multi-objective linear programming for developing low carbon supply chain [J]. Expert Systems with Applications, 2012b, 39 (9): 8182-8192.

［95］ Shen L X, Muduli K, Barve A. Developing a sustainable development framework in the context of mining industries: AHP approach ［J］. Resources Policy, 2015, 46: 15-26.

［96］ Singh R K, Murty H R, Gupta S K, et al. An overview of sustainability assessment methodologies ［J］. Ecological Indicators, 2009, 15: 281-299.

［97］ Sivakumar R, Kannan D, Murugesan P. Green vendor evaluation and selection using AHP and Taguchi loss functions in production outsourcing in mining industry ［J］. Resources Policy, 2015, 46: 64-75.

［98］ Skelton A. EU corporate action as a driver for global emissions abatement: A structural analysis of EU international supply chain carbon dioxide emissions ［J］. Global Environmental Change, 2013, 23 (6): 1795-1806.

［99］ Smale R, Hartley M, Hepburn C, et al. The impact of CO_2 emissions trading on firm profits and market prices ［J］. Climate Policy, 2006, 6 (1): 31-48.

［100］ Strand J. Strategic climate policy with offsets and incomplete abatement: Carbon taxes versus cap-and-trade ［J］. Journal of Environmental Economics and Management, 2013, 66: 202-218.

［101］ Sureeyatanapas P, Yang J B, Bamford D. The sweet spot in sustainability: A framework for corporate assessment in sugar manufacturing ［J］. Production Planning and Control, 2015, 26: 1128-1144.

［102］ Sun H X, Zhong Y. Carbon emission reduction and green marketing decisions in a two-echelon low-carbon supply chain considering fairness concern ［J］. Journal of Business & Industrial Marketing, 2023, 38 (4): 905-929.

［103］ Sun X R, Pan X P, Jin C H, et al. Life cycle assessment-based carbon footprint accounting model and analysis for integrated energy stations in China ［J］. International Journal of Environmental Research and Public Health, 2022, 19 (24): 16451.

［104］ Sambodo M T, Yuliana C I, Hidayat S, et al. Breaking barriers to low-carbon development in Indonesia: Deployment of renewable energy ［J］. Heliyon, 2022, 8 (4): e09304.

［105］ Tomás R A F, Ribeiro F R, Santos V M S, et al. Assessment of the impact of the European CO_2, emissions trading scheme on the Portuguese chemical industry ［J］. Energy Policy, 2009, 38 (1): 626-632.

［106］ Torres-Ruiz A, Ravindran A R. Multiple criteria frameworks for the sustainability risk assessment of a supplier portfolio ［J］. Journal of Cleaner Production, 2018, 172: 4478-4493.

［107］ Towers N, Burnes B. A composite model of supply chain management and enterprise planning for small and medium sized manufacturing enterprises ［J］. Supply Chain Management: An International Journal, 2008, 13 (5): 349-355.

［108］ Tseng S C, Hung S W. A strategic decision-making model considering the social costs of carbon dioxide emissions for sustainable supply chain management ［J］. Journal of Environmental Management, 2014, 133 (1): 315-322.

［109］ Upham P, Dendler L, Bleda M. Carbon labelling of grocery products: Public perceptions and potential emissions reductions ［J］. Journal of Cleaner Production, 2011, 19 (4): 348-355.

［110］ Valenzuela-Venegas G, Cristian Salgado J, Diaz-Alvarado F A. Sustainability indicators for the assessment of eco-industrial parks: Classification and criteria for selection ［J］. Journal of Cleaner Production, 2016, 133: 99-116.

［111］ Vithayasrichareon P, MacGill I F, Nakawiro T. Assessing the sustainability challenges for electricity industries in ASEAN newly industrialising countries ［J］. Renewable and Sustainable Energy Reviews, 2012, 16: 2217-2233.

［112］ Voces R, Diaz-Balteiro L, Romero C. Characterization and explanation of the sustainability of the European wood manufacturing industries: A quantitative approach ［J］. Expert Systems with Applications, 2012, 39 (7): 6618-6627.

［113］ Wadhwa V, Ravindran A R. Vendor selection in outsourcing ［J］. Computers & Operations Research, 2007, 34 (12): 3725-3737.

［114］ Wang Z, Wang C, Yin J. Strategies for addressing climate change on the industrial level: Affecting factors to CO_2 emissions of energy-intensive industries in China ［J］. Natural Hazards, 2014, 75 (2): 303-317.

［115］ 王丽萍, 刘明浩. 基于投入产出法的中国物流业碳排放测算及影响因素研究 ［J］. 资源科学, 2018, 40 (1): 195-206.

［116］ 王向前, 夏丹. 工业煤炭生产—消费两侧碳排放及影响因素研究——基于 STIRPAT-EKC 的皖豫两省对比 ［J］. 软科学, 2020, 34 (8): 84-89.

［117］ 韩丽萍, 李明达, 刘炯. 中国物流业碳排放影响因素及产业关联研究 ［J］. 北京交通大学学报 (社会科学版), 2022, 21 (1): 86-93.

［118］ Wang Z, Yin F, Zhang Y, et al. An empirical research on the influencing factors of regional CO_2, emissions: Evidence from Beijing city, China ［J］. Applied Energy, 2012, 100 (4): 277-284.

［119］ Weidema B P, Thrane M, Christensen P, et al. Carbon footprint-A catalyst for life cycle assessment ［J］. Journal of Industrial Ecology, 2008, 12 (1): 3-6.

［120］ Weitzman M L. Price vs quantities ［J］. Review of Economic Studies, 1974, 41: 459-480.

［121］ West S E, Willianms R C. Estimates form a consumer demand system: implications for the incidence of environmental taxes ［J］. Journal of Environmental Economics and Management, 2004, 47: 535-558.

［122］ Wan Chen, Zhou Dan, Xue Bing. LCA-Based carbon footprint accounting of mixed rare earth oxides production from ionic rare earths ［J］. Processes, 2022, 10 (7).

［123］ Wang C, Wang Z, Ke R Y, et al. Integrated impact of the carbon quota constraints on enterprises within supply chain: Direct cost and indirect cost ［J］. Renewable & Sustainable Energy Reviews, 2018, 92 (9): 774-783.

［124］ Wang Q, Zhao D, He L. Contracting emission reduction for supply chains considering market low-carbon preference ［J］. Journal of Cleaner Production, 2016: 72-84.

［125］ Wang C, Wang W, Huang R. Supply chain enterprise operations and government carbon tax decisions considering carbon emissions [J]. Journal of Cleaner Production, 2017, 152 (5): 271-280.

[126] Sakhel A. Corporate climate risk management: Are European companies prepared? [J]. Journal of Cleaner Production, 2017 (1): 165.

[127] Drake D F, Kleindorfer P R, Wassenhove L N V. Technology choice and capacity portfolios under emissions regulation [J]. Production and Operations Management, 2016, 25 (6): 1006-1025.

[128] Sunar N, Plambeck E. Allocating emissions among Co-products: implications for procurement and climate policy [J]. Manufacturing & Service Operations Management, 2016, 18 (3): 414-428.

[129] Benjaafar S, Li Y, Daskin M. Carbon footprint and the management of supply chains: Insights from simple models [J]. Institute of Electrical and Electronics Engineers Inc., 2013 (1): 99-116.

[130] Xia W J, Wu Z M. Supplier selection with multiple criteria in volume discount environments [J]. Omega-international Journal of Management Science, 2007, 35 (5): 494-504.

[131] Luo Z, Chen X, Wang X. The role of co-opetition in low carbon manufacturing [J]. European Journal of Operational Research, 2016, 253 (2): 392-403.

[132] Ye B, Jiang J, Miao L, et al. Innovative carbon allowance allocation policy for the Shenzhen emission trading scheme in China [J]. Sustainability, 2015, 8 (1): 3.

[133] Yakovleva N, Sarkis J, Sloan T. Sustainable benchmarking of supply chains: The case of the food industry [J]. International Journal of Production Research, 2012, 50: 1297-1317.

[134] Young O R, Dan G, Qi Y, et al. Institutionalized governance processes: Comparing environmental problem solving in China and the United States [J]. Global Environmental Change, 2015, 31: 163-173.

[135] Kong Y C, Zhao T, Yuan R, et al. Allocation of carbon emission quotas in Chinese provinces based on equality and efficiency principles [J]. Journal of Cleaner Production, 2019.

[136] Yang S, Jun Y. Low-carbonization game analysis and optimization in a two-echelon supply chain under the carbon-tax policy [J]. Journal of Chinese Economic and Foreign Trade Studies, 2016, 9 (2): 113-130.

[137] Zhang B, Bi J, Yuan Z, et al. Why do firms engage in environmental management? An empirical study in China [J]. Journal of Cleaner Production, 2008, 16 (10): 1036-1045.

[138] Zhang B, Xu L. Multi-item production planning with carbon cap and trade mechanism [J]. International Journal of Production Economics, 2013, 144 (1): 118-127.

[139] Zhang D, Shi X, Sheng Y. Comprehensive measurement of energy market integration in East Asia: An application of dynamic principal component analysis [J]. Energy Economics, 2015, 52: 299-305.

[140] Zhang J J, Nie T F, Du S F. Optimal emission-dependent production policy with stochastic demand [J]. International Journal of Society Systems Science, 2011, 3 (1/2): 21-39.

[141] Zhao L, Zhang J. Analysis of a duopoly game with heterogeneous players participating in carbon

emission trading［J］. Nonlinear Analysis Modelling & Control, 2013, 19（1）：118-131.

［142］ Zhou P, Zhang L, Zhou D Q, et al. Modeling economic performance of interprovincial CO_2, emission reduction quota trading in China［J］. Applied Energy, 2013, 112（16）：1518-1528.

［143］ Zouadi T, Yalaoui A, Reghioui M. Hybrid manufacturing/remanufacturing lot-sizing and supplier selection with returns, under carbon emission constraint［J］. International Journal of Production Research, 2018, 56（3）：1233-1248.

［144］ Zou H, Qin J, Long X F. Coordination decisions for a low-carbon supply chain considering risk aversion under carbon quota policy［J］. International Journal of Environmental Research and Public Health, 2022, 19（5）：2656.

［145］ Zheng X, Guo Q, Li Z, et al. Optimal choice of enterprise's production strategy under constraints of carbon quota［J］. International Journal of Computational Intelligence Systems, 2018, 11（1）：1268.

［146］ Zhang C, Zhang X. Evolutionary game analysis of air pollution co-investment in emission reductions by steel enterprises under carbon quota trading mechanism［J］. Journal of Environmental Management, 2022, 317：115376.

［147］ 陈文颖, 高鹏飞, 何建坤. 用 MARKAL-MACRO 模型研究碳减排对中国能源系统的影响［J］. 清华大学学报（自然科学版）, 2004, 44（3）：342-346.

［148］ 陈文颖, 滕飞. 国际合作碳减排机制模型［J］. 清华大学学报（自然科学版）, 2005, 45（6）：854-857.

［149］ 曹俊文, 周丽. 长三角地区物流业碳排放时空分布及其影响因素研究［J］. 统计与决策, 2021, 37（10）：79-83.

［150］ 陈向阳, 何海靖. 我国碳排放权交易市场与股票市场的关联——基于非线性 Granger 因果检验与非平衡面板模型的实证分析［J］. 技术经济, 2021, 40（3）：36-46.

［151］ 丁志刚, 陈涵, 徐琪. 碳交易与碳税双重风险下供应链低碳技术采纳时机决策研究［J］. 软科学, 2020, 34（7）：101-107.

［152］ 独娟. 论企业低碳竞争力的形成要素及构建路径［J］. 求索, 2012（5）：193-257.

［153］ 杜少甫, 董骏峰, 梁樑, 等. 考虑排放许可与交易的生产优化［J］. 中国管理科学, 2009, 17（3）：81-86.

［154］ 邓仲良, 屈小博. 工业机器人发展与制造业转型升级——基于中国工业机器人使用的调查［J］. 改革, 2021（8）：25-37.

［155］ 范如国, 李玉龙, 杨维国. 基于多任务目标的企业低碳发展动态激励契约设计［J］. 软科学, 2018, 32（2）：38-43.

［156］ 高鹏飞, 陈文颖, 何建坤. 中国的二氧化碳边际减排成本［J］. 清华大学学报（自然科学版）, 2004, 44（9）：1192-1195.

［157］ 国涓, 刘荣军, 孙萍. 中国二氧化碳排放的影响因素：基于区域的实证研究［J］. 数学的实践与认识, 2013, 43（11）：59-72.

［158］ 高原, 刘耕源, 谢涛, 等. 碳责任账户的目标原则、分配逻辑与框架构建：文献综述［J］. 中国环境管理, 2023, 15（1）：7-18.

[159] 胡榕霞. 天津碳交易试点减排效果及路径研究——基于合成控制法的证据 [J]. 福建商学院学报, 2019 (4): 77-84.

[160] 郭道燕, 陈红, 龙如银. 消费端碳交易市场中政府初始碳配额分配策略研究——基于政府和家庭演化博弈的视角 [J]. 中国人口·资源与环境, 2018, 28 (4): 43-54.

[161] 黄炜斌, 马光文, 赵庆绪, 等. 基于联合国 CDM 方法学的水电站优化调度效益评价 [J]. 水力发电学报, 2013, 32 (2): 84-88.

[162] 黄山, 吴小节, 宗其俊. 中国制造企业低碳竞争力的来源及提升途径 [J]. 华东经济管理, 2013, 27 (5): 42-46.

[163] 何文彬. 全球价值链视域下数字经济对我国制造业升级重构效应分析 [J]. 亚太经济, 2020 (3): 115-130, 152.

[164] 黄帝, 张菊亮. 不同权力结构下碳税对供应链减排水平的影响 [J]. 中国管理科学, 2021, 29 (7): 57-70.

[165] 侯玉梅, 朱俊娟. 非对称信息下政府对企业节能减排激励机制研究 [J]. 生态经济, 2015, 31 (1): 97-102.

[166] 何育静, 蔡丹阳. 长三角工业企业绿色技术创新效率及其影响因素分析 [J]. 重庆社会科学, 2021 (1): 49-63.

[167] 姬新龙, 杨钊. 基于 PSM-DID 和 SCM 的碳交易减排效应及地区差异分析 [J]. 统计与决策, 2021, 37 (17): 154-158.

[168] 江玉国, 范莉莉. 企业低碳竞争力的影响因素——基于碳无形资产视角的实证研究 [J]. 技术经济, 2015, 34 (5): 35-39.

[169] 江玉国, 范莉莉. 企业减排碳无形资产的影响因素研究 [J]. 华东经济管理, 2016 (1): 136-141.

[170] 金碚, 李钢. 中国企业盈利能力与竞争力 [J]. 中国工业经济, 2007 (11): 5-14.

[171] 李刚. 低碳经济对企业人力资源的影响及应对策略研究 [J]. 当代经济管理, 2013, 35 (7): 71-74.

[172] 李广明, 张维洁. 中国碳交易下的工业碳排放与减排机制研究 [J]. 中国人口·资源与环境, 2017, 27 (10): 141-148.

[173] 李园, 张传平, 谢晓慧. 中国二氧化碳排放差异及影响因素分析——基于工业分行业的实证分析 [J]. 工业技术经济, 2012, 31 (8): 39-45.

[174] 刘家海. 企业间资源耦合: 低碳经济发展的有效途径 [J]. Science & Technology Progress and Policy, 2010, 27 (22): 107-111.

[175] 刘朝, 赵涛. 中国低碳经济影响因素分析与情景预测资源科学 [J]. 2011, 33 (5): 844-850.

[176] 刘楠峰, 范莉莉, 陈肖琳. 企业低碳竞争力关键影响因素研究 [J]. 管理现代化, 2017, 37 (1): 57-59.

[177] 卢鑫, 白皓, 赵立华, 等. 钢铁企业能源消耗与 CO_2 减排关系 [J]. 北京科技大学学报, 2012, 34 (12): 1445-1452.

[178] 令狐大智, 武新丽, 叶飞. 考虑双重异质性的碳配额分配及交易机制研究 [J]. 中国管理科学, 2021, 29 (3): 176-187.

[179] 李治国，王杰．中国碳排放权交易的空间减排效应：准自然实验与政策溢出［J］．中国人口·资源与环境，2021，31（1）：26-36.

[180] 刘传明，孙喆，张瑾．中国碳排放权交易试点的碳减排政策效应研究［J］．中国人口·资源与环境，2019，29（11）：49-58.

[181] 马常松．考虑碳限额与交易政策的制造企业生产与定价模型研究［D］．成都：电子科技大学，2015.

[182] 彭文峰．区域碳排放及其影响因素面板模型研究［J］．统计与决策，2012（14）：119-122.

[183] 孙立成，王淦，张济建．碳规制下考虑碳排放转移影响的供应链企业最优运营策略［J］．科技管理研究，2019，39（15）：216-223.

[184] 史修艺，徐盈之．低碳城市试点政策的公平性碳减排效果评估——基于工业碳排放视角［J］．公共管理学报，2023，20（1）：84-96，173.

[185] 师帅，荆宇，翟涛．市场激励型环境规制对低碳农业发展的作用及实施路径研究［J］．行政论坛，2021，28（1）：139-144.

[186] 童昕，童磊．碳排放环境库兹涅茨曲线及其影响因素——基于2008年中国103个地级市的截面分析［J］．应用基础与工程科学学报，2012，20（1）：119-125.

[187] 谭德明，何红渠．基于资源价值流分析视角的企业碳绩效评价模型构建［J］．湖南社会科学，2016（5）：115-119.

[188] 王灿，傅平，陈吉宁．清洁发展机制对温室气体减排的贡献［J］．清华大学学报（自然科学版），2008，48（3）：357-361.

[189] 王欢．碳交易对建筑业减排的影响［D］．北京：北京建筑大学，2019.

[190] 王文军，谢鹏程，李崇梅，等．中国碳排放权交易试点机制的减排有效性评估及影响要素分析［J］．中国人口·资源与环境，2018，28（4）：26-34.

[191] 吴世勇，申满斌，陈求稳．清洁发展机制（CDM）与我国水电开发［J］．水力发电学报，2008，27（6）：53-55.

[192] 王剑，杜红军，谢升峰．区域性碳市场与煤炭市场间极端风险溢出效应研究——基于二元和整体分析框架［J］．区域金融研究，2023（1）：35-44.

[193] 王喜平，王雪萍．欧盟和国内碳交易市场的相依结构及风险溢出效应研究［J］．工业技术经济，2021，40（7）：72-81.

[194] 夏西强，路梦圆，郭磊．碳交易下碳配额分配方式对制造/再制造影响研究［J］．系统工程理论与实践，2022，42（11）：3001-3015.

[195] 王璟珉，李晓婷，窦晓铭．低碳经济研究前沿——基于企业低碳管理的微观视角［J］．山东大学学报（哲学社会科学版），2018（2）：169-176.

[196] 王丽萍，刘明浩．基于投入产出法的中国物流业碳排放测算及影响因素研究［J］．资源科学，2018，40（1）：195-206.

[197] 王磊，周亚楠，张宇．基于熵权-TOPSIS法的低碳城市发展水平评价及障碍度分析——以天津市为例［J］．科技管理研究，2017，37（17）：239-245.

[198] 谢家平，魏礼红，张为四，等．风电与火电的竞争性上网定价优化——碳约束政策的影响研究［J］．管理科学学报，2022，25（6）：100-126.

[199] 徐步朝, 孙园, 曾婷婷. 基于熵权 TOPSIS 法的钢铁企业低碳竞争力评价 [J]. 中国管理信息化, 2023, 26 (4): 119-123.

[200] 徐佳, 崔静波. 低碳城市和企业绿色技术创新 [J]. 中国工业经济, 2020 (12): 178-196.

[201] 徐琬晴, 高民芳. 低碳经济下企业绩效评价体系的构建 [J]. 会计师, 2023 (3): 70-72.

[202] 解学梅, 朱琪玮. 企业绿色创新实践如何破解 "和谐共生" 难题 [J]. 管理世界, 2021, 37 (1): 128-149, 9.

[203] 鄢德春. 创新碳抵消机制设计增强上海碳市场跨省区辐射力 [J]. 科学发展, 2013 (3): 92-100.

[204] 杨东宁, 周长辉. 企业自愿采用标准化环境管理体系的驱动力: 理论框架及实证分析 [J]. 管理世界, 2005 (2): 85-107.

[205] 杨鉴. 基于碳排放交易政策的企业生产决策研究 [D]. 上海: 华东理工大学, 2013.

[206] 杨尊信. 煤电产业供需博弈模型研究 [D]. 合肥: 合肥工业大学, 2008.

[207] 于李娜, 邱磊, 于静静. 碳减排政策对企业低碳技术研发的激励作用研究 [J]. 中国海洋大学学报 (社会科学版), 2014 (2): 51-55.

[208] 杨友才, 牛晓童. 社会信任对环境规制碳减排效果的影响—基于中国 281 个地级市的面板数据 [J]. 中国人口·资源与环境, 2023, 33 (4): 82-92.

[209] 王晓莉, 陈默, 吴林海. 低碳生产意愿与主要影响因素研究——江苏苏南地区 212 家工业出口企业的案例 [J]. 工业技术经济, 2011 (1): 50-55.

[210] 王敬敏, 王超. 减碳配额约束下电力客户的模糊聚类分析 [J]. 中国电力, 2013, 46 (12): 154-159.

[211] 郭强, 柳娟, 应松宝, 等. 碳配额交易下制造商低碳技术选择策略研究 [J]. 工业工程与管理, 2018, 23 (4): 45-52, 61.

[212] 文扬, 王丽, 胡珮琪, 等. 高效碳交易市场的机制设计与路径模式 [J]. 宏观经济管理, 2022 (9): 40-46.

[213] 余丹. 中国拟实施碳交易政策的经济和竞争力效应的研究——基于 GTAP 模型的模拟 [D]. 广州: 暨南大学, 2013.

[214] 余伟杰. 中国环境政策、二氧化碳减排与经济低碳化路径的选择 [D]. 合肥: 合肥工业大学, 2013.

[215] 原白云. 考虑碳减排的企业运营优化及供应链协调研究 [D]. 天津: 天津大学, 2014.

[216] 于法稳, 林珊. "双碳" 目标下企业绿色转型发展的促进策略 [J]. 改革, 2022 (2): 144-155.

[217] 杨青林, 赵荣钦, 丁明磊, 等. 中国城市碳排放的空间格局及影响机制——基于 285 个地级市截面数据的分析 [J]. 资源开发与市场, 2018, 34 (9): 1243-1249.

[218] 查建平, 范莉莉, 高敏. 中国工业碳排放经济绩效及其影响因素研究 [J]. 软科学, 2014 (11): 30-34.

[219] 张秋莉. 企业碳交易机制设计: 理论、模型与实证 [D]. 北京: 对外经济贸易大学, 2012.

［220］张跃军，魏一鸣．国际碳期货价格的均值回归：基于 EU ETS 的实证分析［J］．系统工程理论与实践，2011，31（2）：214-220.

［221］张李浩，董款，张荣．基于碳配额交易和减排技术的供应链策略选择［J］．中国管理科学，2019，27（1）：63-72.

［222］张希良．国家碳市场总体设计中几个关键指标之间的数量关系［J］．环境经济研究，2017，2（3）：1-5，48.

［223］张希良，黄晓丹，张达，等．碳中和目标下的能源经济转型路径与政策研究［J］．管理世界，2022，38（1）：35-66.

［224］张维月，刘晨光，李琳，等．两阶段供应链碳排放目标减排量分配研究［J］．中国管理科学，2021，29（9）：90-101.

［225］张令荣，杨子凡，程春琪．碳配额交易政策下闭环供应链的减排策略选择［J］．管理工程学报，2022，36（1）：172-180.

［226］张彩平，贺婷，刘梅娟．基于碳素价值流视角的造纸企业碳绩效评价研究［J］．大连理工大学学报（社会科学版），2021，42（2）：50-60.

［227］张亚连，刘巧．企业碳绩效指标体系构建及测算［J］．统计与决策，2020，36（12）：166-169.

［228］张兆国，张弛，裴潇．环境管理体系认证与企业环境绩效研究［J］．管理学报，2020，17（7）：1043-1051.

［229］赵道致，吕金鑫．考虑碳排放权限制与交易的供应链整体低碳化策略［J］．工业工程与管理，2012，17（5）：65-71.

［230］朱德进．基于技术差距的中国地区二氧化碳排放绩效研究［D］．济南：山东大学，2013.

［231］朱磊，梁壮，谢俊，等．全国统一碳市场对电力行业减排的影响分析［J］．环境经济研究，2019，4（2）：28-43.

［232］朱潜挺，常原华，朱拾遗．国内外碳交易体系对构建京津冀区域性碳交易市场的启示［J］．环境保护，2019，47（16）：18-26.

［233］Garcia-Alvarado M, Paquet M, Chaabane A . Joint strategic and tactical planning under the dynamics of a cap-and-trade scheme ［C］//IFAC Conference on Manufacturing Modelling, Management, and Control, 2016.

［234］Tukker A, Wood R, Schmidt S. Towards accepted procedures for calculating international consumption-based carbon accounts ［J］. Climate Policy, 2020, 20（1）：90-106.

［235］孙振清，何延昆，林建衡．低碳发展的重要保障——碳管理［J］．环境保护，2011（12）：40-41.

［236］黄守军，任玉珑，孙睿，等．基于碳减排调度的激励性厂网合作竞价机制设计［J］．中国管理科学，2011，19（5）：138-146.

［237］Long Y, Pan J, Farooq S, et al. A sustainability assessment system for Chinese iron and steel firms ［J］. Journal of Cleaner Production, 2016, 125（1）：133-144.

［238］周艳菊，鲍茂景，陈晓红，等．基于公平关切的低碳供应链广告合作-减排成本分担契约与协调［J］．中国管理科学，2017，25（2）：121-129.

［239］孟卫军，姚雨，申成然. 基于碳税的供应链合作减排补贴策略研究［J］. 科技管理研究，2018，38（9）：247-254.

［240］谢鑫鹏，赵道致. 低碳供应链企业减排合作策略研究［J］. 管理科学，2013，26（3）：108-119.

［241］Plambeck，Erica L. Reducing greenhouse gas emissions through operations and supply chain management［J］. Energy Economics，2012，34：64-74.

［242］武丹，杨玉香. 考虑消费者低碳偏好的供应链减排微分博弈模型研究［J］. 中国管理科学，2021，29（4）：126-137.

附　　录

企业碳管理驱动与障碍因素调查问卷

尊敬的先生/女士：

您好！本次调研的目的在于了解我国碳排放权交易框架下的企业在碳管理方面的实施情况，试图探索出企业开展碳管理的驱动因素和障碍因素所在，为政府提供完善的激励措施及引导企业积极进行碳管理提供参考依据。本调研结果仅供学术研究之用，问卷采用匿名方式，我们将恪守科学研究道德规范，不以任何形式向任何人泄露有关贵企业的信息。

答案及选项无对错之分，请仔细阅读并根据实际情况作答，对您的支持与合作表示衷心的感谢。

一、碳管理驱动因素

所谓企业碳管理，是指企业以减少生产、经营活动中的温室气体（主要指二氧化碳）排放量为核心的管理问题，具体包括碳排放量的核算和监督、碳排放权交易履约策略、碳减排战略设计、低碳意识培训等工作。

1. 我平时关注自然资源浪费、环境破坏及气候变化问题。（　　　）
   A. 非常不同意　　　B. 不同意　　　　C. 比较不同意　　　D. 中立
   E. 比较同意　　　　F. 同意　　　　　G. 非常同意

2. 我认为保护环境目前重要且紧迫。（　　　）
   A. 非常不同意　　　B. 不同意　　　　C. 比较不同意　　　D. 中立
   E. 比较同意　　　　F. 同意　　　　　G. 非常同意

3. 为保护环境，企业应主动承担责任减少碳排放。（　　　）
   A. 非常不同意　　　B. 不同意　　　　C. 比较不同意　　　D. 中立
   E. 比较同意　　　　F. 同意　　　　　G. 非常同意

4. 企业有责任保证自身活动不对环境造成破坏。（　　　）
   A. 非常不同意　　　B. 不同意　　　　C. 比较不同意　　　D. 中立
   E. 比较同意　　　　F. 同意　　　　　G. 非常同意

5. 作为管理者，我希望我的企业积极进行碳减排工作。（　　　）
   A. 非常不同意　　　B. 不同意　　　　C. 比较不同意　　　D. 中立
   E. 比较同意　　　　F. 同意　　　　　G. 非常同意

6. 碳排放权交易履约对企业实施碳管理有促进作用。（　　）

　　A. 非常不同意　　B. 不同意　　　　　C. 比较不同意　　D. 中立

　　E. 比较同意　　　F. 同意　　　　　　G. 非常同意

7. 对未实现碳交易履约的企业处罚严厉，促进企业实施碳管理。（　　）

　　A. 非常不同意　　B. 不同意　　　　　C. 比较不同意　　D. 中立

　　E. 比较同意　　　F. 同意　　　　　　G. 非常同意

8. 政府对企业碳排放实施强有力的监督，促进企业实施碳管理。（　　）

　　A. 非常不同意　　B. 不同意　　　　　C. 比较不同意　　D. 中立

　　E. 比较同意　　　F. 同意　　　　　　G. 非常同意

9. 政府提供充分的碳交易相关信息与培训，帮助企业实施碳管理。（　　）

　　A. 非常不同意　　B. 不同意　　　　　C. 比较不同意　　D. 中立

　　E. 比较同意　　　F. 同意　　　　　　G. 非常同意

10. 作为管理者，我知道碳排放权交易的规则与惩罚机制。（　　）

　　A. 非常不同意　　B. 不同意　　　　　C. 比较不同意　　D. 中立

　　E. 比较同意　　　F. 同意　　　　　　G. 非常同意

11. 作为管理者，我了解本企业温室气体的历史排放量。（　　）

　　A. 非常不同意　　B. 不同意　　　　　C. 比较不同意　　D. 中立

　　E. 比较同意　　　F. 同意　　　　　　G. 非常同意

12. 作为管理者，我了解并关注碳市场上碳价波动及变化。（　　）

　　A. 非常不同意　　B. 不同意　　　　　C. 比较不同意　　D. 中立

　　E. 比较同意　　　F. 同意　　　　　　G. 非常同意

13. 管理者了解核证减排项目或其他碳交易的补充机制。（　　）

　　A. 非常不同意　　B. 不同意　　　　　C. 比较不同意　　D. 中立

　　E. 比较同意　　　F. 同意　　　　　　G. 非常同意

14. 有效的碳管理能帮助企业通过碳交易获得更多收益。（　　）

　　A. 非常不同意　　B. 不同意　　　　　C. 比较不同意　　D. 中立

　　E. 比较同意　　　F. 同意　　　　　　G. 非常同意

15. 碳管理能促进企业工艺和管理上的创新。（　　）

　　A. 非常不同意　　B. 不同意　　　　　C. 比较不同意　　D. 中立

　　E. 比较同意　　　F. 同意　　　　　　G. 非常同意

16. 有效的碳管理能帮助企业节能降耗、降低生产成本。（　　）

　　A. 非常不同意　　B. 不同意　　　　　C. 比较不同意　　D. 中立

　　E. 比较同意　　　F. 同意　　　　　　G. 非常同意

17. 有效的碳管理可以吸引到更多低碳技术方面的投资。（　　）

　　A. 非常不同意　　B. 不同意　　　　　C. 比较不同意　　D. 中立

E. 比较同意　　　F. 同意　　　　G. 非常同意

18. 有效的碳管理能帮助提升企业的社会声誉。（　　　）

A. 非常不同意　　B. 不同意　　　　C. 比较不同意　　D. 中立

E. 比较同意　　　F. 同意　　　　G. 非常同意

19. 实施碳管理有助于提升产品的绿色形象。（　　　）

A. 非常不同意　　B. 不同意　　　　C. 比较不同意　　D. 中立

E. 比较同意　　　F. 同意　　　　G. 非常同意

20. 有效的碳管理能够促使企业与政府有更加和谐的政企关系。（　　　）

A. 非常不同意　　B. 不同意　　　　C. 比较不同意　　D. 中立

E. 比较同意　　　F. 同意　　　　G. 非常同意

21. 消费者对低碳产品的需求越来越高，促进企业进行低碳管理。（　　　）

A. 非常不同意　　B. 不同意　　　　C. 比较不同意　　D. 中立

E. 比较同意　　　F. 同意　　　　G. 非常同意

22. 同行业中其他企业已开始碳管理，促进企业开展碳管理。（　　　）

A. 非常不同意　　B. 不同意　　　　C. 比较不同意　　D. 中立

E. 比较同意　　　F. 同意　　　　G. 非常同意

23. 本企业供应链上下游企业已开始碳管理，促进企业进行碳管理。（　　　）

A. 非常不同意　　B. 不同意　　　　C. 比较不同意　　D. 中立

E. 比较同意　　　F. 同意　　　　G. 非常同意

24. 本企业有意愿开展或强化碳管理以应对碳交易，减少碳排放。（　　　）

A. 非常不同意　　B. 不同意　　　　C. 比较不同意　　D. 中立

E. 比较同意　　　F. 同意　　　　G. 非常同意

25. 本企业打算定期进行二氧化碳排放量核算与监督。（　　　）

A. 非常不同意　　B. 不同意　　　　C. 比较不同意　　D. 中立

E. 比较同意　　　F. 同意　　　　G. 非常同意

26. 本企业有意向制定低碳生产计划。（　　　）

A. 非常不同意　　B. 不同意　　　　C. 比较不同意　　D. 中立

E. 比较同意　　　F. 同意　　　　G. 非常同意

27. 本企业打算购买和采用更加低碳的原材料。（　　　）

A. 非常不同意　　B. 不同意　　　　C. 比较不同意　　D. 中立

E. 比较同意　　　F. 同意　　　　G. 非常同意

28. 本企业有意向在预算中加大低碳技术和设备的投资和研发预算。（　　　）

A. 非常不同意　　B. 不同意　　　　C. 比较不同意　　D. 中立

E. 比较同意　　　F. 同意　　　　G. 非常同意

29. 本企业有意向对员工定期开展低碳意识、低碳知识培训。（　　　）

　　　A. 非常不同意　　B. 不同意　　　　　C. 比较不同意　　　D. 中立

　　　E. 比较同意　　　F. 同意　　　　　　G. 非常同意

30. 本企业有意向采用非化石能源、可再生能源（风电、水电等）取代传统化石能源消费（煤炭，火电等）。（　　　）

　　　A. 非常不同意　　B. 不同意　　　　　C. 比较不同意　　　D. 中立

　　　E. 比较同意　　　F. 同意　　　　　　G. 非常同意

31. 本企业希望选择更具有低碳形象的合作伙伴。（　　　）

　　　A. 非常不同意　　B. 不同意　　　　　C. 比较不同意　　　D. 中立

　　　E. 比较同意　　　F. 同意　　　　　　G. 非常同意

二、碳管理障碍因素（您认为在实施碳管理过程中遇到的困难之处，请依照实际情况作答）

32. 当前碳交易相关规定和处罚规则不够清晰，影响企业碳管理有效实施。（　　　）

　　　A. 非常不同意　　B. 不同意　　　　　C. 比较不同意　　　D. 中立

　　　E. 比较同意　　　F. 同意　　　　　　G. 非常同意

33. 其他节能环保政策与碳交易规则在实施方面有重合，阻碍企业从组织结构上独立开展温室气体管理。（　　　）

　　　A. 非常不同意　　B. 不同意　　　　　C. 比较不同意　　　D. 中立

　　　E. 比较同意　　　F. 同意　　　　　　G. 非常同意

34. 培养碳管理专业人才需要投入大量时间和资金，难度较高。（　　　）

　　　A. 非常不同意　　B. 不同意　　　　　C. 比较不同意　　　D. 中立

　　　E. 比较同意　　　F. 同意　　　　　　G. 非常同意

35. 形成独立的碳管理部门需要过大的资金成本。（　　　）

　　　A. 非常不同意　　B. 不同意　　　　　C. 比较不同意　　　D. 中立

　　　E. 比较同意　　　F. 同意　　　　　　G. 非常同意

36. 企业管理者缺少开展碳管理的激励，因为碳管理的效果在较短时间内无法体现。（　　　）

　　　A. 非常不同意　　B. 不同意　　　　　C. 比较不同意　　　D. 中立

　　　E. 比较同意　　　F. 同意　　　　　　G. 非常同意

37. 我认为目前难以形成供应链整体低碳化。（　　　）

　　　A. 非常不同意　　B. 不同意　　　　　C. 比较不同意　　　D. 中立

　　　E. 比较同意　　　F. 同意　　　　　　G. 非常同意

38. 我认为各地区目前碳交易政策差异较大。（　　　）

　　　A. 非常不同意　　B. 不同意　　　　　C. 比较不同意　　　D. 中立

　　　E. 比较同意　　　F. 同意　　　　　　G. 非常同意

39. 碳管理在当前公司经营策略中并不是最重要的目标。（　　）

　　A. 非常不同意　　B. 不同意　　　　C. 比较不同意　　D. 中立

　　E. 比较同意　　　F. 同意　　　　　G. 非常同意

40. 其他您认为阻碍企业开展碳管理的原因：

三、企业信息

41. 贵企业所在地区：

---

42. 贵企业的性质：（　　）

　　A. 国有企业　　　　　　　　　　B. 集体企业

　　C. 私营企业　　　　　　　　　　D. 中外合作、中外合资或外商独资企业

　　E. 其他类型

43. 贵企业所在行业：（　　）

　　A. 发电　　　　B. 电网　　　　C. 钢铁生产　　D. 化工

　　E. 电解铝生产　F. 镁冶炼企业　G. 平板玻璃生产　H. 水泥生产

　　I. 陶瓷生产　　J. 民航企业　　K. 其他行业

44. 企业员工数：（　　）

　　A. 0～299　　B. 300～999　　C. 1000～1999　　D. 2000 以上

45. 您所在部门：

---

46. 您对本次调研的意见和建议：
